Reinhard Frank

Lastkraftwagen der Wehrmacht

Panzerkampfwagen, Zugkraftwagen, Opel Blitz, Steyr 1,5-Tonner, VW-Kübel, leichte und mittlere Einheits-Pkw. der Pz.Gren.Div. »Großdeutschland« — alles staut sich am Tim-Übergang im Juni 1942 und gibt so einen kleinen Überblick über den Fahrzeugbestand einer deutschen Elite-Division. »Normale« Einheiten waren mit einem weitaus größerem Typenwirrwarr ausgerüstet!

Genehmigte Lizenzausgabe für Karl Müller Verlag, Erlangen

ISBN 3-86070-859-7

2 3 4 5 3 2 1 00

Reinhard Frank

Lastkraftwagen der Wehrmacht

Deutsche und erbeutete Radfahrzeuge im Einsatz
Technik · Anstrich · Abzeichen · Zubehör

Geschichte und Gliederung der Nachschubtruppen

KARL MÜLLER VERLAG

INHALT

Auf den unbefestigten Wegen Rußlands hatte die Nachschubtruppe Schwerstarbeit zu leisten. Hier, im Bild, kam nicht einmal mehr der geländegängigste deutsche Lkw., der sog. Einheits-Diesel mit 6-Rad-Antrieb durch und mußte samt Zündapp-Krad durch ein Kettenfahrzeug herausgeschleppt werden. Beachte die interessante Beschriftung auf dem Kotflügel; das große K für Panzergruppe 1 (v. Kleist), das taktische Zeichen für Haubitzenbatterie (mot. Zug) und die Zahl 6; auf der Türe das Abzeichen der 16. Panzer-Division (gelb) und die Bezeichnung für Munitionswagen 2. (BA)

Vorwort

Die Nachschubtruppen des deutschen Heeres waren sich zu allen Zeiten ihrer verantwortungsvollen Aufgabe bewußt und stets bemüht, sie auch mit unzulänglichen Mitteln zu erfüllen. Schwierigste Anforderungen wurden bis an die Grenze der Leistungsfähigkeit mit bemerkenswertem Organisationsgeschick und Improvisationsvermögen gelöst.

Windisch, Generalmajor a.D. und General der Nachschubtruppen des Feldheeres vom 1. Juli 1943 bis Kriegsende

Vorliegender Band berichtet nun eingehend über diesen vernachlässigten Truppenteil. Behandelt werden die Wehrmachtsverbände — auf die beachtlichen Nachschuborganisationen von SS, NSKK, RAD usw. konnte im Rahmen dieses Buches nicht näher eingegangen werden. Fototeil und Anhang befassen sich ausführlich mit dem Transportfahrzeug der Wehrmacht: dem Lastkraftwagen.
Neben den üblichen Pritschenwagen werden natürlich auch Kraftomnibusse, Gefechtsfahrzeuge, Sonderaufbauten und dergleichen gezeigt. Auf die Halbketten-Lkw »Maultier« konnte nur am Rande eingegangen werden. Die weitgehend bekannten Firmengeschichten wurden bewußt knapp gehalten, um den Platz für die Abbildungen nicht unnötig einzuschränken.
Eine besondere Notwendigkeit war die Darstellung, wenigstens eines Teils, der unzähligen Beutefahrzeug-Typen, ohne die die Versorgung der Truppe einfach nicht möglich gewesen wäre. Die Auswahl der deutschen Kfz-Hersteller erfolgte nach den Grenzen von 1936, dadurch erscheinen auch österreichische und tschechische Lkw unter »Beutefahrzeuge«.
Die Identifizierung der Fahrzeuge erfolgte unter Zurateziehen aller einschlägigen Fach-und Typenbücher. Wie jeder Eingeweihte weiß, ist eine genaue Typenaussprache bei Lkw recht schwer, oft unmöglich — insbesondere, wenn wichtige Unterscheidungsmerkmale fehlen oder von Personen verdeckt werden.
Die Fotos stammen überwiegend von ehemaligen Soldaten. Mängel bezüglich Schärfe, Ausleuchtung und Motivwahl müssen manchmal leider in Kauf genommen werden, wenn man auf unwiederbringbare Motive nicht verzichten will.
Ergänzende Mitteilungen und produktive Kritik unserer Leser sind jederzeit willkommen. Bei entsprechendem Interesse ist ein weiterer Band über dieses Thema geplant. Bei den Texten wurden einige Beiträge direkt aus zeitgenössischen Unterlagen und »Feldgrau« wiedergegeben, um dem Leser auch den damaligen Sprachgebrauch zu übermitteln.

Besonderer Dank gilt meiner Frau Gertrud, den Herren Henry Hoppe und Peter Taghon, sowie Bart Vanderveen für seine bereitwillige Hilfe beim Identifizieren von Beutefahrzeugen.

R. Frank
Reinhard Frank

Gilching, im Herbst 1992

Mit derartigen Schildertafeln wußten die Kraftfahrer stets »wo's langgeht«; hier in Szytschewa im November 1941.

Abkürzungen

A-Typ = Allradgetrieben
gp. = gepanzert
gl. = geländegängig
gf. = geländefähig
HWA = Heereswaffenamt
Krad. = Kraftrad
Kfz. = Kraftfahrzeug
Kom. = Kraftomnibus
Kw. = Kraftwagen
Lkw. = Lastkraftwagen
l. = leicht
m. = mittel
(o) = handelsüblich
OKW = Oberkommando der Wehrmacht
OHL = Oberste Heeresleitung
Pkw. = Personenkraftwagen
Sd.Ah. = Sonderanhänger
Sd.Kfz. = Sonderkraftfahrzeug
S-Typ = Standardtyp (Hinterachsantrieb)
s. = schwer
Sanka = Sanitätskraftwagen (auch Sankra)
3-Tonner = Lkw mit 3 Tonnen Nutzlast
(6 x 4) = 4 Räder von 6 sind angetrieben (auch Doppelräder)
(Anmerkung: die meisten Abkürzungen waren sowohl mit, als ohne Punkt (Lkw/Lkw.) gebräuchlich.)

Fotos und Dokumente stellten zur Verfügung

Bundesarchiv Koblenz Hr. Nilges, Emil Burkhardt, Friedrich Birkmeyer, Horst Beiersdorf, Siegfried Bunke Deutsches Museum München, Johann Demleitner, Siegfried Ehrt, Robert Emmert, Michael Foedrowitz, Heinz Friedrich, Heinrich Göttsche, Henry Hoppe, Ludwig Heymann, Sepp Herz, Helmut Heinrich, Georg Jagolski, Randolf Kugler, W. Leopold, Friedrich Masch, Ernst Obermaier, Peter Petrick, Pionierarchiv München, Matthias Roth, Horst Scheibert, Franz Sindler, Johann Strauß, Peter Steger, Siegfried Stenger, Helmuth Spaether, Steve Schmidt, Peter Taghon, Hans Thudt, Bart Vanderveen, Heinz Wrobel, Albert Wörnle, Georg Wurm, und viele andere

Die Nachschubtruppen der Wehrmacht

Geschichtlicher Werdegang

Im Ersten Weltkrieg erfolgte die Versorgung der Fronttruppen durch die »Munitionskolonnen und Trains«, die durchweg pferdebespannt waren. Transporte über weitere Strecken wurden per Eisenbahn oder von speziellen Kraftfahrformationen durchgeführt. Letztere gehörten zu den Verkehrstruppen und unterstanden direkt der Obersten Heeresleitung und nicht dem »Kommandeur der Mun.Kol. und Trains«. Insgesamt wurden im Ersten Weltkrieg ca. 40.000 handelsübliche Lkw von einer Vielzahl von Herstellern produziert, die u.a. auch als Artillerie-Zugmittel und Waffenträger umgerüstet wurden. Der ungeheure Materialbedarf der Schlachten des Ersten Weltkrieges zeigte überdeutlich die Wichtigkeit des motorisierten Nachschubtransportes. Bei den wachsenden Entfernungen, den ungeheuren Massen und dem geforderten Tempo wurde der Pferdezug immer stärker verdrängt.

Ein 50 PS Hansa-Lloyd Lastkraftwagen, wie er für eine Nutzlast von 3-4 Tonnen ab 1917 gebaut wurde. Aus Gummimangel (es gab ja noch keinen Buna-Kunstgummi) sind die Vorderräder mit einer abgefederten Eisenbereifung versehen. Diese beinharte Notlösung erforderte zusätzliche Federungen und Ketten- statt Kardanantrieb.

Dies war natürlich auch den Verantwortlichen der Reichswehr klar, so daß 1926 ein umfangreiches Motorisierungsprogramm erstellt wurde.
Entsprechend dem Gesetz für den Aufbau der Wehrmacht vom 16.3.1935 entstand dann im Oktober 1935 aus dem bisherigen Fahrausbildungskommando der Kavallerieschule Hannover auch eine Fahrtruppen- und Nachschubschule mit je einer Nachschub-Fahrlehrschwadron und einer Nachschub-Kraftfahrkompanie. Am 12.10.1937 wurde dieser Teil der Kavallerieschule als Heeres-Nachschubschule im gleichen Standort mit der Fahrlehrschwadron und der Kraftfahrlehrkompanie selbständig. Mit dem 15.11.1938 folgte die erneute Umbenennung in Fahrtruppenschule und schließlich am 1.4.1939 die Aufstellung einer zweiten Kraftfahrlehrkompanie. Für den Herbst 1939 war die Zusammenfassung der 3 Lehreinheiten in einer Fahrtruppen-Lehrabteilung vorgesehen. Der Kriegsausbruch ließ es aber dazu nicht mehr kommen.
Die Aufstellung neuer Verbände vollzog sich, gemessen an den beträchtlichen jährlichen Zuwachsraten nahezu aller anderen Waffengattungen, recht zögernd. Dabei spielte ganz sicherlich das vom damaligen Zeitgeist stark beeinflußte Image der Fahrtruppe, die ja damals zu den sog. »Rückwärtigen Diensten« gehörte, eine wesentliche Rolle. Sie hatte es gegenüber den bevorzugten klassischen Waffengattungen wesentlich schwerer, ausreichend Offizier- und Unteroffiziernachwuchs zu bekommen.
Am 1.10.1935 entstand, gleichzeitig mit der Lehrtruppe, noch im Rahmen der Kraftfahrkampftruppen, eine Kraftfahrabteilung 7 (München) mit zunächst 2 Kompanien und einer Durchschnitts-Iststärke von 442 Soldaten als Korpstruppen des VII. Armeekorps. Die Personalstämme für diesen ersten friedensmäßigen Verband der neuen Nachschubtruppe kamen zu etwa 50 % von der Kraftfahrschule der Bayer. Landespolizei (L.P.) München und den Bayer. L.P.-Kraftfahrabteilungen München und Nürnberg, vereinzelt auch aus der Preußischen L.P. Den Abteilungskommandeur stellte das Fahrausbildungskommando Hannover; weiteres Personal entstammte dem Pionierbataillon Ingolstadt B (später Nr. 17). Eine solche Mischung war damals keineswegs ungewöhnlich, sondern bei zahlreichen Neuaufstellungen, auch anderer Waffengattungen, durchaus üblich.
Der Aufbauplan des Heeres sah als erstes Ziel u.a. die Aufstellung je einer aktiven Kraftfahrabteilung zu 3 Kompanien in jedem der 12 (seit 1937 13) Wehrkreise des damaligen Reichsgebietes vor. Dieses Ziel konnte, in dem bis dahin auf eine Stärke von ca. 750 000 Mann angewachsenen Friedensheer, bis zum Kriegsausbruch 1939 aber nicht mehr erreicht werden.
Aus der Kraftfahrabteilung 7 entstanden durch Zellteilung und aus Abgaben anderer Truppenteile:

Kraftfahrabteilungen:

Nr. 1:	Stablak	Nr. 9:	Hersfeld
Nr. 3:	Rathenow	Nr. 10:	Hamburg
Nr. 6:	Dortmund	Nr. 12:	Bensheim-Speyersdorf
Nr. 7:	München	Nr. 17:	Enns
Nr. 8:	Sprottau	Nr. 18:	Bregenz

Fahrabteilung:

Nr. 14: Bartenstein
Nr. 24: Hannover

Alle Abteilungen (bis auf Nr. 17 und 18 mit je 2) hatten nunmehr 3 Kompanien, die beiden bespannten Fahrabteilungen je 3 Schwadronen.
Die Aufstellung der noch fehlenden Kraftf.Abt. 2, 4, 5, 11 und 13 war, zunächst mit je 2 Kompanien, für Herbst 1939 befohlen, wurde aber durch den Kriegsausbruch verhindert.

Aus dem schwachen Friedenskader waren bei Ausbruch des Krieges Nachschubeinheiten für die zahlreichen Divisionen und Korps des Feldheeres, für Armee- und Heerestruppen, Festungstruppen, Grenzschutz und Grenzwacht sowie für das Ersatzheer aufzustellen. Von allen Truppengattungen hatte die Nachschubtruppe zwangsläufig die größte Vermehrungsquote. Höchstens 1 Unteroffizier und 2 Mann an aktivem Personal standen für jede mobil zu machende Einheit zur Verfügung, zumal die aktiven Kraftfahrabteilungen mit ihrem Personal und Material in erster Linie für die Kw-Transportverbände der Heerestruppen (3 Regimenter und 1 Abteilung) verwendet werden mußten.

Bei einer Mobilmachungs-Sollstärke des Feldheeres von 2 741 064 Mann entfielen 191 088 (6,9 %) auf die Nachschub- bzw. Verwaltungsdienste unter Einschluß der Kfz.-Werkstatteinheiten. Beim Ersatzheer waren es 53 300 Mann von 965 040 (5,5 %).
Mit dem Wachsen des Kriegsheeres und der Ausdehnung der Kriegsschauplätze vermehrten sich zwangsläufig auch die Nachschubeinheiten nach Zahl und Art. Kampfgebiete mit extremen klimatischen Gegebenheiten, wie beispielsweise Nordfinnland oder Nordafrika, stellten zusätzliche außerordentliche Anforderungen, mit denen im Frieden niemand gerechnet hatte.
Im Dezember 1943 hatte die Nachschubtruppe bei einer Gesamtstärke des Feldheeres von 4 270 000 Mann mit etwa 350 000 Soldaten (einschl. 20 000 Offizieren) ihren höchsten personellen Stand erreicht.
Am 30. September 1943 verfügten die Divisionen der Wehrmacht u.a. über folgende Versorgungseinheiten:

181 Stäbe Div.-Nachschubführer, 180 Div.-Nachschubkompanien
54 Kraftfahrkompanien (120 t), 84 (90 t), 6 (60 t), 62 Kraftfahrkolonnen (davon 26 große),
13 Betriebsstoffkolonnen
85 Fahrschwadronen bzw. große Fahrkolonnen, 398 Fahrkolonnen, 285 leichte Fahrkolonnen, 13 Gebirgs-Karrenkolonnen, 2 Tragtierkolonnen
157 Werkstattkompanien, 22 Werkstattzüge
183 Div.-Verpflegungsämter, 173 Bäckereikompanien, 10 Bäckerei-Halbkompanien, 173 Schlächtereikompanien, 10 Schlächterei-Halbkompanien
166 Sanitätskompanien bespannt, 132 motorisiert, 2 Sanitäts-Halbkompanien bespannt
302 Kranken-Kraftwagenzüge
176 Veterinärkompanien, 6 Veterinärzüge bzw. -Staffeln
177 Feldgendarmerietrupps (mot.)
171 Feldpostämter (mot.)

Die Aufgaben der rückwärtigen Dienste

Aus Gründen der Authentizität wurde der folgende Text weitgehend aus der Nachschub-Fibel von 1938 und der Kw.-Kolonnen-Fibel von 1937 übernommen.

Transportmittel der höheren Führung

Zur Durchführung der Versorgung des Feldheeres stehen den höheren Kommandostäben zur Verfügung:

die Eisenbahn,
die Schiffahrt,
die rückwärtigen Dienste.

Die rückwärtigen Dienste sind vornehmlich im Operationsgebiet eingesetzt und dienen der Versorgung der fechtenden Truppe auf allen Versorgungsgebieten. Entsprechend ihrend verschiedenen Aufgaben gliedern sie sich in:

Nachschubdienste	Veterinärdienste
Verwaltungsdienste	Ordnungsdienste
Sanitätsdienste	Feldpostdienste

Nachschubdienste

Nachschubdienste (im Rahmen der rückw. Dienste einer Division) sind nicht nur Nachschubkolonnen, was nach der Bezeichnung anzunehmen wäre: sie schieben auf Kolonnen nicht nur Munition, Betriebsstoff, Verpflegung, Ausrüstung usw. nach, sondern sie sorgen durch bewegliche Werkstätten auch für Instandsetzung von beschädigten Kraftfahrzeugen, Waffen und Gerät aller Art und verfügen gleichzeitig über Arbeitskräfte zum Beladen und Abladen der Kolonnen und Trosse, zur Einrichtung von Ausgabestellen, Lagern, Parken usw.

Der Truppenführer der »Nachschubdienste« ist der Nachschubführer der Division, des Korps bzw. der Armee. Er schlägt als Fachbearbeiter in der Quartiermeistergruppe den Kommandobehörden den Einsatz der von ihm geführten Nachschubeinheiten vor. Von der reibungslosen Zusammenarbeit im Div.- usw. Stab zwischen ihm und den anderen Fachbearbeitern in den Kommandostäben (Intendant, Fachbearbeiter für Munition, Inf.-, Art.-Gerät usw.) hängt im wesentlichen die Durchführung der reibungslosen Versorgung der Truppe im Operationsgebiet ab. Eine ständige Drahtverbindung zwischen dem beim Div.-Stab befindlichen Div.Nsch.-Führer mit der Masse seiner Nsch.-Einheiten während der Bewegung, Rast und Ortsunterkunft ist für den sofortigen Einsatz der Kolonnen zur Einrichtung von vorgeschobenen Einzeltankstellen, Mun.-Ausgabestellen und der Aufnahme des Betriebes der Kw.-Werkstattzüge unbedingt erforderlich.

Die Nachschubdienste gliedern sich in:

a) Nachschubkolonnen
b) Kraftwagen-Kolonnen für Betriebsstoff
c) Werkstatt-Komp.
d) Feldwerkstätten (Armee)
e) Nachschub-Kompanien und -Bataillone
f) Parke (Armee)

Bäckereikompanie (mot.) auf dem Marsch bei Göttingen am 12.3.1940 — wahrlich mit Fahrzeugen aller Art: Austro-Fiat mit Backanhänger (Sd.Ah. 106), Büssing-NAG, Ford-Sattelschlepper und als Abschluß ein geländegängiger 3-Achser.(BA)

Nachschubkolonnen:
Sie dienen dem Nachschub von Munition, Verpflegung, Waffen, Bekleidung, Ausrüstung, Kampfmitteln und Heergerät aller Art und dem Abschub von instandsetzungsbedürftigen Waffen und Gerät, Beute und Leergut (beschossene Munitionsteile, Packmaterial, Hülsen, Kartuschen), in Sonderfällen von verwundeten und kranken Menschen und Tieren.

Kraftwagen (Kw.)-Kolonnen
getrennt nach kleiner Kw.-Kol. mit 30 t Nutzlast auf 10 mittleren oder schweren Lkw. und großer Kw.-Kol. mit 60 t Nutzlast auf 20 mittleren oder schweren Lkw.

Ausrüstung einer kleinen Nachschubkolonne für 30 t Nutzlast:

a) Mit Fahrzeugen:

1 bis 2 Personenkraftwagen
1 bis 2 Krafträder
2 Gruppen Lkw. von insgesamt je 15 t Ladefähigkeit und einer 3. Gruppe (Wirtschaftsgruppe), von 3 t Ladefähigkeit.

b) Mit Personal:

1 Offizier als Führer,
1 Oberfeldwebel, zugl. Stellv. Führer,
3 Unteroffiziere als Gruppenführer,
1 bis 2 Fahrer für Pkw.,
1 bis 2 Radfahrer.
Je 1 Führer und 1 Begleiter für jeden Lkw., davon ein Begleiter als Koch, ein anderer als Hilfskrankenträger.

Ausrüstung einer großen Nachschubkolonne für 60 t Nutzlast:

a) Mit Fahrzeugen:

2 Pkw.,
2 Krad.,
4 Gruppen Lkw. von insgesamt je 15 t Ladefähigkeit und einer 5. Gruppe (Wirtschaftsgruppe), bestehend aus
2 Betriebsstoff- und Geräte-Lkw. von je 3 t Ladefähigkeit und
1 mittleren Lkw. für Verpflegung und Gepäck als Troß.

b) Mit Personal:

1 Offizier als Führer,
1 Oberfeldwebel, zugl. stellv. Führer,
5 Unteroffiziere als Gruppenführer,
1 Sanitätsunteroffizier,
2 Führer für Pkw.,
2 Kradfahrer,
1 Verpflegungsmann als Führer des Troß.
Je 1 Führer und 1 Begleiter für jeden Lkw., davon 1 Begleiter als Koch.

Bespannte Fahrkolonnen
mit zusammen 30 t Nutzlast auf 40 zwei- oder einspännig besp. Feldwagen oder landesüblichen Fahrzeugen.

Die Kw.-Kolonnen sind (soweit sie über keine geländegängigen Lastkraftwagen verfügen) an gute und feste Straßen gebunden. Den bespannten Fahrkolonnen gegenüber haben sie folgende Vorteile: fünffach größere Geschwindigkeit (25-30 km/h), fünf- bis sechsfachen größeren Fahrbereich (150 und mehr Kilometer pro Tag) und einen viel geringeren Mannschaftsbedarf.
Die jederzeitige Verwendungsmöglichkeit pferdebespannter Fahrzeuge querfeldein, abseits fester und guter Straßen und Wege, in schwierigem Gelände und bei ungünstigen Witterungsverhältnissen — die den Kw.-Kolonnen in ihrer Leistungsfähigkeit Grenzen ziehen — macht die Beibehaltung des Pferdezuges für einen Teil der Nachschubkolonnen, wie auch für die Transportmittel der fechtenden Truppe (Gefechts-, Vpfl.- usw. Fahrzeuge) vorerst noch unbedingt notwendig. Als Notbehelf sind, bei Pferdemangel oder besonderer Eigenart des Landes, Zugochsen zur Bespannung geeignet.

Tragtierkolonnen dienen der Beförderung von Nachschubgut im Gebirge, wo eine Verwendung von Pferden und Fahrzeugen ausgeschlossen ist. Ein Tragtier befördert 50-80 kg Nutzlast. Die Gesamtnutzlast einer Tragtierkolonne beträgt je nach der Leistungskraft der Tiere und dem Gelände bis zu 5 t. Im günstigen Gebirgsgelände können bis zu 15 km weit und 600-800 m hoch, auf guten Karrenwegen, bei Steigungen von nicht mehr als 15 %, auch kleine Feldwagen, Gebirgskarren und -schlitten benutzt werden. Im unwegsamen Gebirge sind Trägerkolonnen an Stelle der Tragtierkolonnen vorgesehen.

Die kl. und gr. Kw.-Kolonnen für Betriebsstoff
mit einem Fassungsvermögen von 25 bzw. 50 cbm, ergänzen den Bedarf der Kraftfahrzeuge der Stäbe und Truppenteile der fechtenden Truppe sowie der rückw. Dienste an Betriebsstoff, Bereifung, Öl usw.

Die Kw.-Werkstattzüge (Div.) dienen zu kurzfristigen Instandsetzungsarbeiten an Kraftfahrgerät; die Feldwerkstätten (Armee) und Waffenmeister Zug (Div.) zu solchen von Waffen und Heergerät.
Kw.Werkst.- und Waffenm.Zug bilden die **Werkstatt-Komp.**

Nachschub-Kompanien (Div.) bzw. **Bataillone** (Armee), in Mun.-, Verpflegungs-, Sammel-und techn. Zug gegliedert, stellen die Arbeitskräfte an Ausladebahnhöfen in Lagern, Parken und Ausgabestellen, so daß Fahrer und Begleitfahrer der Kolonnen und Trosse zu Beladezwecken allgemein nicht benötigt werden. Die Zeit der Be- und Abladung wird zur Überholung und Überprüfung von Fahrzeug, Motor, Pferden, Geschirren usw. von den Fahrern ausgenutzt.

Parke enthalten Bestände an Waffen und Heergerät als Ersatz für durch Verlust, Feindeinwirkung, Beschädigung usw. ausgefallenes Gerät der Truppe. Im Bedarfsfall können Zweigparke vorgeschoben werden. Die Zuführung des Geräts von den Ausladebahnhöfen der Armee, den Parken und Feldwerkstätten zur Truppe (Div.-Gerätesammelstelle) veranlaßt der beim Stabe des A.O.K. befindliche Oberquartiermeister (O.Qu.). In Sonderfällen holt die Truppe den Geräteersatz bei den vorerwähnten rückw. Einrichtungen der Armee ab.

Unterstellung der Nachschubkolonnen (1939)

Nach der Verwendung und ihrer Zugehörigkeit zu den Kommandostäben unterscheidet man:
Heeresnachschubkolonnen: Sie bilden eine Transportmittelreserve des Oberkommandos des Heeres für die Heeresversorgung. Sie werden durch den Generalquartiermeister (Gen.Qu.) je nach Bedarf den Armeen, Korps und Divisionen zugeteilt oder auch in besonderen Lagen unter unmittelbarem Befehl des Gen.Qus. eingesetzt (als Ersatz von Eisenbahnen bei Störungen, Unterbrechungen usw.).

Armeenachschubkolonnen dienen bei der Armee dazu, einen Teil der Vorräte an Munition, Verpflegung usw. beweglich zu halten, Lager und Parke der Armee laufend aufzufüllen und darüber hinaus die Nachschubdienste der den Armeen unterstellten Divisionen zu ergänzen, bzw. zu unterstützen.

Armeeverpflegungslager (AVL) in Bonn am 6.11.1939: Die Lastkraftwagen der versorgungsmäßig angegliederten Einheiten von Heer und Luftwaffe werden beladen. (BA)

Korpsnachschubkolonnen versorgen im allgemeinen nur die eigenen Korpstruppen mit Munition, Verpflegung usw.
Die Korpsnachschubkolonnen eines Kav.-Korps-Kdos., denen in der Regel weitgesteckte Marschziele befohlen werden, führen einen gewissen Vorrat an Munition und Verpflegung (hauptsächlich Hafer) mit und werden häufig zur Ergänzug der Kav.Div.Nsch.-Kolonnen eingesetzt.

Divisionsnachschubkolonnen bilden die Brücke zwischen den rückwärtigen Einrichtungen der Armee und den Ausgabestellen der Division.

Kolonnen-Staffel: Beim Vormarsch der Division werden im allgemeinen die Div.Nsch.-Kol. mit Teilen der anderen rückw. Dienste zu einer **Marschstaffel** zusammengezogen und unter Führung eines Offiziers aus dem Stabe des Div.Nsch.-Führers den Mot.-Staffeln der fechtenden Truppe der Division nachgeführt.
Teile der mit Artl.-Munition beladenen Div.Nsch.-Kol. werden zu einer **Gefechtsstaffel** zusammengefaßt und näher an das Gefechtsfeld herangezogen. Sie decken in diesem Falle den Munitionsbedarf der Batterien usw. unmittelbar nach Anordnung des Artl.-Kommandeurs der Division.

Gliederung der rückwärtigen Dienste in der Division

Nachschubdienste/Nachschubtruppen

(Anhaltswerte, die bei den einzelnen Divisionen größeren Schwankungen unterlagen)

1939/1941	1942/1945
Infanteriedivision	
Stab Div.Nachschubführer	Stab Kdeur d.Div.Nachschb.-Tr.
6 kl. Kw.Kol. zu je 30 t	1-3 Kraftfahrkomp. zu je 90 t
1 kl. Betriebsstoffkol. zu 30 t	
1 Kraftwagenwerkstattzug	1 Kraftwagenwerkstattzug
1-2 Fahrkol. zu je 30 t	1-3 Fahrschwadr. zu je 60 t
1 Nachschubkomp (t-mot.) zu 3 Zügen	1 Nachschubkomp. (t-mot.) zu 3 Zügen
1 Munitionsverwaltung beim Div. Nachschubführer	1 Mun.Verwaltung beim Stab
Infanteriedivision (mot.)	
10 kl. Kw.Kol. zu je 30 t	4 Kraftf.Komp. zu je 120 oder 90 t
1 Nachschubkomp. (mot.) zu 2 Zügen	1 Nachschubkomp. (mot.) zu 2 Zügen
Panzerdivision	
10 kl. Kw.Kol. zu je 30 t	5-8 Kraftf.Komp. zu je 120 oder 90 t
1 Nachschubkomp. (mot.) zu 2 Zügen	1 Nachschubkomp. (mot.) zu 2 Zügen
Gebirgsdivision	
4-6 kl. Kw.Kol zu je 30 t	2 Kraftf.Komp. zu je 120 oder 90 t
2-3 Geb.Fahrkol. zu je 30 t	4 Geb.Fahrkol. zu je 30 t
1 Geb.Nachschubkomp. (t-mot) zu 3 Zügen	1 Geb.Nachschubkomp. (t-mot) zu 3 Zügen
Jägerdivision	
3-4 kl. Kw.Kol. zu je 30 t	1 Kraftf.Komp. zu 120 t
2-3 Fahrkol. zu je 30 t	3 Geb.Fahrkol. zu je 30 t
1 Nachschubkomp. (t-mot) zu 3 Zügen	1 Nachschubkomp. (t-mot) zu 3 Zügen

Durchschnittliche Stärken:

	Offze	Unteroffz.	Mann	Kfz.	Pferde	Wagen
Kraftfahrkomp.	2	14-17	74-95	45-58	—	—
Fahrschwadron	2	19	190	1	203	82
Nachschb.Komp. (mot.)	2	14	105	14	—	—
Nachschb.Komp. (t-mot.)	2	22	151	8	10	5
Geb.Nachschubkomp.	2	14	173	—	19	8

Verwaltungsdienste gegliedert in:
1 Verpflegungsamt (3 Lkw., 1 Pkw., 1 Krad.)
1 Bäckereikompanie (24 Lkw., 5 Pkw., 6 Kräder)
1 Schlächtereizug (6 Lkw., 1 Pkw., 2 Kräder)

Sanitätsdienste gegliedert in:
die 1. San.Kp. (bespannt) (1 Lkw., 1 Pkw., 2 Kräder, 17 Pferdewagen)
die 2. San.Kp. (mot.) (21 Lkw., 4 Pkw., 6 Kräder)
  1 Feldlazarett (11 Lkw., 6 Pkw., 2 Kräder)
  2 Krankenkraftwagenzüge (je 15 Sankas, 2 Pkw., 8 Kräder)

Veterinärdienste best. aus:
1 Veterinärkomp. (9 Lkw., 1 Pkw., 3 Kräder, 21 Pferdewagen)

Ordnungsdienste best. aus:
1 Feldgendarmerie Trupp (2 Pkw., 2 Kräder)

Feldpostdienste best. aus:
1 Feldpostamt (2 Lkw., 2 Pkw.)

Befehlsträger innerhalb der Division

Die Versorgungseinheiten (rückwärtigen Dienste) einer Division unterstanden dem 2. Generalstabsoffizier (Ib), der dieses Sachgebiet nach den Weisungen des 1. Generalstabsoffiziers (Ia) zu bearbeiten hatte.
Die Nachschubdienste unterstanden dem Divisionsnachschubführer (Dinafü) der seine Einsatzweisungen vom I b erhielt.
Leiter der Verwaltungsdienste war der Divisionsintendant (IVa).
Die Sanitätsdienste unterstanden dem Divisionsarzt (IVb), die Veterinärdienste dem Divisionsveterinär (IVc).
Die Ordnungs- und die Feldpostdienste waren direkt dem Ib unterstellt.

Transportmittel der fechtenden Truppe (Trosse)

Zur Durchführung der Versorgung auf dem Vormarsch, während des Gefechts und der Ruhe sind die Infanterie-, Artillerie- usw. Regimenter mit pferdebespannten und motorisierten Fahrzeugen kriegsgliederungsgemäß so ausgestattet, daß ein Teil Vorräte an Munition, Verpflegung und Kampfmittel aller Art, Ausrüstung, Gepäck usw. beweglich mitgeführt werden kann und gleichzeitig Nach- und Abschub zwischen Front und den rückwärtigen Einrichtungen der Division (Munitions-, Verpflegungs-, Betriebsstoffausgabestellen, Gerätesammelstelle usw.) sichergestellt ist.
Entsprechend ihren Aufgaben unterscheidet man:
  den Gefechtstroß,
  den Verpflegungstroß,
  den Gepäcktroß und
  die leichten Kolonnen.

Der **Gefechtstroß** setzt sich zusammen aus den Gefechtsfahrzeugen (Mun.-Staffeln), der Feldküche und den Handpferden.

Die **Gefechtsfahrzeuge** (in der Regel pferdebespannt) führen alles das auf dem Gefechtsfeld mit, was die Truppe braucht: Munition und Kampfmittel aller Art, Ersatzteile und Werkzeuge für kleinere Instandsetzungen, Sanitäts- und Veterinärgerät. Auf neuzeitlich gummibereiften Gefechtswagen der Schützenkompanien kann außerdem ein Teil des Marschgepäcks des Mannes mitgeführt werden.
Auf dem Marsch wird im Bataillon, in der Abteilung usw. der Gefechtstroß unter Führung eines Unteroffiziers (Oberfeldwebel oder Futtermeister) zusammengefaßt. Bei Feindberührung fahren in der vorgeschriebenen Marschordnung die Gefechtswagen am Ende ihrer Kompanie unter Führung des Unteroffiziers für Waffen und Gerät. Nach der Entfaltung der Schützenkompanie folgen sie ihren Zügen (jeder Zug verfügt über je einen Gefechtswagen).
Sämtliche Gefechtsfahrzeuge werden zweispännig vom Bock oder vom Sattel aus gefahren.

Der Verpflegungstroß

Zur Durchführung des regelmäßigen Verpflegungsnachschubes verfügen sämtliche Truppenteile über Verpflegungsfahrzeuge, die den Verpflegungstroß bilden. Die Ausstattung der einzelnen Truppenteile und Einheiten ist, je nachdem, ob es sich um nichtmotorisierte oder motorisierte Truppen handelt, nach Art und Zahl der Fahrzeuge verschieden.

a) Nichtmotorisierte Truppen

In der Regel sind:
jeder Einheit (Komp. usw.) ein Verpflegungsfahrzeug (Feldwagen oder landesübliches Fahrzeug),
jeder bespannten oder berittenen Einheit (M.G.-Komp. usw.) zwei Verpflegungs- bzw. Futterwagen,
jedem Verband (Batl. usw.) ein Lastkraftwagen zugeteilt.
Die pferdebespannten Fahrzeuge bilden den **Verpflegungstroß I** (V.T.I), die Lastkraftwagen den **Verpflegungstroß II** (V.T.II).
Beim Ausmarsch befindet sich auf der Feldküche die Verpflegung für diesen Tag. V.T.I führt die Verpflegung für den nächsten, V.T.II für den übernächsten Tag mit. Außer diesen 3 Tagesportionen an Verpflegung werden 2 eiserne Portionen (eine auf der Feldküche, eine vom Mann) mitgenommen.

b) Motorisierte Truppen

Die motorisierten Einheiten verfügen nur über 1 Lastkraftwagen als Vpfl.-Fahrzeug — V.T. (mot.) —, der Verpflegung für 2 Tage mitführen kann und aus diesem Grunde im allgemeinen nur jeden zweiten Tag bei der Vpfl.-Ausgabestelle der Division empfängt. Der V.T. (mot.) marschiert in der Regel hinter seinem Truppenteil, falls er nicht zum Verpflegungsempfang unterwegs ist und in diesem Falle durch Sonderbefehl nachgezogen wird. Eine Unterteilung in Verpflegungstroß I und II entfällt.

Der Gepäcktroß

In dem Bestreben, die fechtende Truppe von Dingen zu befreien, die sie auf dem Marsch und im Gefecht nicht unbedingt braucht, hat man allen Truppenteilen planmäßig Lastkraftwagen zugeteilt. Etwa 75 % des gesamten Gepäcks befindet sich auf dem Lastkraftwagen. Die restlichen 25 % hat der Mann als Marschgepäck selbst zu tragen. Man ist bestrebt, den größten Teil des Marschgepäcks (Mantel, Decke usw.) auf den Gefechtswagen unterzubringen.
Auf dem Marsch wird der Gepäcktroß, regiments- und divisionsweise gesammelt und mit einem größeren Abstand der Division nachgeführt.

Die leichten Kolonnen

Zur ständigen Ergänzung von Munition, Kampfmittel und Gerät aller Art verfügen die Regimenter usw. neben den Gefechtsfahrzeugen (Gefechtswagen, Protzen, Munitionsstaffeln) über leichte Kolonnen. Sie bilden das Bindeglied zwischen der Truppe (Gefechtswagen, Munitionsstaffeln) und den Transportmitteln (Nachschubkolonnen) bzw. Einrichtungen (Munitionsausgabestellen) der Division. Die leichten Kolonnen führen für ihren Truppenteil Vorräte an Munition, Nahkampfmitteln, Handgranaten, Spreng- und Zündmitteln, Leucht- und Signalmunition, Tarnungsmitteln und Gerät nach besonderen Beladungsplänen mit. Je nach der Waffenzugehörigkeit unterscheidet man:

l. Infanterie-Kolonnen
l. Kavallerie-Kolonnen
l. Artillerie-Kolonnen
l. Pionier-Kolonnen
l. Nachrichten-Kolonnen
l. Kavallerie-Kolonnen

Auf dem Marsch werden die besp. leichten I.Kolonnen in der Regel am Ende des Gros in der Reihenfolge ihrer Truppenteile marschieren, die mot. leichten Pi.- usw. Kolonnen in einer »Mot.-Staffel« mit größerem Abstand dem Gros folgen.
An Stelle der l.A.-Kolonnen bilden bei der Artillerie der Division die besp. Mun.Staffeln das Bindeglied zwischen den Batterien und den Div.Nsch.-Kolonnen.

Umbenennung der rückwärtigen Dienste

Im Juni 1941 wurden die »Rückwärtigen Dienste« in Anerkennung ihrer Leistungen in »Versorgungstruppen« umbenannt:
— Heeresmitteilungsblatt HM 1941, Nr. 600:
Mit sofortiger Wirkung tritt an Stelle des Begriffes »Rückwärtige Dienste« die Bezeichnung »Versorgungstruppen«. Die übrigen Bezeichnungen, z.B. Nachschubdienste, Sanitätsdienste usw. bleiben unverändert.

O.K.H. (Ch.H. Rüst und BdE), 4.6.1941

(Neu-) Einteilung der Truppen des Feldheeres 1942

Im Herbst 1942 erfolgte durch das OKH eine Neuordnung der Waffengattungen. Diese Verfügung wurde durch HM 878 vom 14.10.1942 bekanntgegeben.
Die »Nachschubdienste« hießen nun endgültig »Nachschubtruppen«. Es ergab sich folgende (ergänzte) Einteilung:
Die Truppen des Feldheeres werden eingeteilt in:

Fechtende Truppen
Versorgungstruppen
Sicherungstruppen

1. Zu den **fechtenden Truppen** gehören:

a) die Kommandobehörden
b) die Infanterie
c) die Panzertruppen
d) die Artillerie
e) die Pioniere (einschl. Bau-Pi.- u. Straßenbautruppe)
f) die Nebeltruppe
g) die Nachrichtentruppe
h) die Eisenbahntruppe
i) die technischen Truppen
k) die Propagandatruppe
l) die Eisenbahnbetriebstruppen
m) die Karten- und Vermessungstruppe
n) die Festungsstammtruppe
o) die Frontaufklärungstruppe
p) die Geheime Feldpolizei (Teile)

2. Die **Versorgungstruppen** werden eingeteilt in:

a) die Nachschubtruppen
b) die Verwaltungstruppen
c) die Sanitätstruppen
d) die Veterinärtruppen
e) die Feldzeugtruppen
f) die Kraftfahrparktruppen
g) die Wasserversorgungstruppen
h) die Ordnungstruppen
i) die Feldpost

2.1. Zu den **Nachschubtruppen** gehören:
- Kw-Transporttruppe, Höh.Kdr. der Nachschubtruppen (H.Gr. Nachschubführer), Kdr. d. Armee-Nachschubtruppen, Kdr. d. Korps-Nachschubtruppen, Kdr. der Divisions-Nachschubtruppen
- Kw-Transportverbände (Regimenter) und selbst. Abteilungen für Großtransportraum (GTR)
- Nachschubstäbe z.b.V.
- Nachschubkolonnenabteilungen mot. (6 Kol. mit je 60 t) und bespannt (1942 in Kraftfahr-, Kw-Transport- bzw. Fahrabteilungen umbenannt)

— Nachschubbataillone mot. und bespannt (je 0-1 mot. und 2-4 bespannte Kompanien)
— selbständige Kw (Nachschub)-, Fahr- und Tragtierkolonnen mit 10-60 t
— Kraftfahrkompanien mit 60, 90, 120 und mehr Tonnen Transportraum
— Kom-Kolonnen (je 10 Omnibusse, auch Abteilungen mit 3 Kolonnen, dabei Fronthilfskolonnen der Deutschen Reichspost)
— Fahrschwadronen (30-90 t) (1942/43 aus Fahrkolonnen), dabei Gebirgsfahrkolonnen, Tragtierkolonnen u.a.
— Munitionsverwaltungskompanien (1943 zu den Feldzeugtruppen)
— Betriebsstoff-Verwaltungskompanien
— Betriebsstoff-Abfüllkompanien und -kommandos
— Nachschubkompanien für Betriebsstoff
— Waffeninstandsetzungskompanien und -züge
— Pionier-Park-Btl.

2.2. Zu den **Verwaltungstruppen** gehören:
Verpflegungsämter, Bäckerei- und Schlachterei-Komp., Heeres-Verpflegungsdienststellen, Heeres-Unterkunftsverwaltungen, Heeres-Baudienststellen, Bekleidungsämter und -lager, Bekleidungslehrstäbe, Bekleidungs-Instandsetzungs-Eisenbahnzüge.

2.3. Zu den **Feldzeugtruppen** gehören:
Fz-Stäbe, Beute-Erfassungsstäbe, Fz-Btl., Armee-Geräteparke

2.4. Zu den **Kraftfahrparktruppen** gehören:
Werkstattkompanien, Kraftfahrparke, Ersatzteillager, Abschleppzüge

2.5. Zu den **Wasserversorgungstruppen** gehören:
Btl.-Stäbe für Wasserversorgung, le. u. s. Komp. für Wasserversorgung, Destilierkompanien, Filterkolonnen, kl. u. gr. Wasserkolonnen

2.6. Zu den **Ordnungstruppen** gehören:
Wachbataillone, Radfahr-Wachbataillone, Feldgendarmerie

2.7. Zur **Feldpost** gehören:
Armee-Feldpostmeister, Feldpostleitstellen, Feldpostämter

3. Auf die Verbände der **Sicherungstruppen** kann im Rahmen dieses Buches leider nicht eingegangen werden.

Die Versorgungstruppen 1944/45

Ab Herbst 1944 wurden die Versorgungstruppen der Frontdivisionen nach und nach in **Divisions-Versorgungsregimenter** (mit Stab und Stabskompanie) zusammengefaßt, wobei die Nachschubtruppen eine Nachschubtruppenabteilung, die Verwaltungstruppen eine Verwaltungstruppenabteilung formierten. Sanitätsabteilung, Kraftfahrparktruppen, teilweise eine Veterinärkompanie, und das Feldpostamt gehörten ebenfalls dazu. Panzer-und motorisierten Divisionen waren neben 2-3 Kfz-Werkstattkompanien auch eine Ersatzteilstaffel (75 t) zugeteilt. Umfang und Zusammensetzung dieser Regimenter richteten sich nach Art der verschiedenartigen Divisionsverbände und zeigten daher mancherlei Variationen; genaue Unterlagen fehlen.
Gegen Ende des Krieges blieben, in den aus Mangel an Menschen und Material zusammengeschrumpften Infanteriedivisionen, meist nur noch 1 Kraftfahrkompanie (120 t), 2 Fahrschwadronen (30 t), 1 Nachschubzug und 1 Verwaltungskompanie (mit Verpflegungs-, Bäckerei- und Schlächtereikomponente) übrig. Den letzten Rumpfdivisionen der im März 1945 aufgestellten 35. Welle mit je 2 schwachen Infanterieregimentern konnte man nur

noch 1 Kw-Kolonne (30 t), 1 Fahrschwadron (30 t) und 1 Verwaltungskompanie geben.

Lt. einer Heeresmitteilung des OKW vom 27.10.1944 wurde nun auch das »Transportkorps Speer« an die Wehrmacht angegliedert. Es waren dies:
1. NSKK-Trsp.-Gruppe Todt (bestehend aus der früheren NSKK-Trsp.-Brigade Speer und NSKK-Trsp.-Brigade Todt),
2. Legion Speer,
3. Transportflotte Speer.

Die Angehörigen des Transportkorps Speer gliederten sich in:
a) uniformierte »Korpsangehörige« und
b) zivile »Gefolgschaftsmitglieder«.

Großtransportraum (GTR)

Der größte selbständige Transportverband des Feldheeres war der »Großtransportraum (GTR)«, der weisungsgemäß direkt dem General der Nachschubtruppen unterstand.
Den Grundstock des GTR bildeten die Kraftwagen-Transport-Regimenter 602, 605 und 616, letztere beide anfänglich als »Wirtschafts-Kw.Tr.Rgter« bezeichnet.
Das Kw.Tr.Rgt. 602 wurde aus personellen und materiellen Abgaben aller Friedenskraftfahrabteilungen gebildet und war das aktive Regiment. Es gliederte sich in Stab, Stabskompanie, Feldgendarmeriezug, drei Abteilungen zu je fünf Kompanien, einem Werkstattzug und einem Erkundungszug, also insgesamt 16 Kompanien. Die Transportfahrzeuge des Regiments waren 4-t-Lastkraftwagen mit 4-t-Anhängern. Seine Gesamtstärke belief sich bei einer Tonnage von 4500 t auf 3000 Mann und 2200 Kraftfahrzeuge einschließlich Kräder.
Die Regimenter 605 und 616 hatten die gleiche Gliederung wie das aktive Regiment 602, waren jedoch bis auf geringfügige Stämme aktiver Führer und Unterführer völlig aus Abgaben der Wirtschaft gebildet, daher der Name »Wirtschafts-Kw.Tr.Regimenter«. Sie verfügten über Fahrzeuge der verschiedensten Art und Größe, des verschiedensten Alters und mit mannigfachen Aufbauten. Nur eines hatten sie gemeinsam: sie waren ausschließlich für zivile Belange gebaut und nur für Verkehr auf guten Straßen bestimmt gewesen.
Zum überwiegenden Teil waren es 6- bis 10-t-Lastkraftwagen mit Anhänger, d.h. Lastzüge bis 20 t Ladevermögen. Die Tonnage belief sich beim Regiment 605 auf 6000 t, beim Regiment 616 auf 9000 t.
Der Betriebsstoffverbrauch für rund 100 km Fahrtstrecke auf Straßen betrug für das Regiment 50 cbm, seine Marschgeschwindigkeit bei Tag und günstiger Witterung 30 km je Stunde, bei Nacht 10 bis 15 km. Aufgeschlossen hatte das Regiment eine Marschtiefe von 40 km, auf dem Marsch bis zu 120 km. Die Tagesmarschleistung belief sich einschließlich Auf- und Abladen der Güter, Halte und Raste auf durchschnittlich 300 km, doch kamen bisweilen auch Einzelleistungen bis zum Doppelten vor.
Besondere Erwähnung verdienen die Fahrer des GTR. Vielfach mit ihren eigenen Lastzügen eingezogen, stellten die Fernlastfahrer eine Elite von Könnern dar. Als 1943/44 die Aufstellung neuer Panzerdivisionen befohlen wurde, mußten allein aus dem GTR über 10.000 Offiziere, Unteroffiziere und Mannschaften, somit ein Drittel des Bestandes abgegeben werden. Sie bewährten sich auch bei der Kampftruppe, insbesondere als Panzerfahrer.
Im GTR gab es über 1000 verschiedene Fabrikate und Typen von Kraftfahrzeugen, was die Instandsetzung ungeheuer erschwerte. Erst 1943 konnte etwas Reinheit in Fabrikaten — nicht Typen — erreicht werden, wozu Austausch zwischen fast allen Kriegsschauplätzen nötig gewesen war.

Der GTR erreichte Anfang 1943 seine Höchsttonnage mit fast 80.000 t und blieb sich dann bis 1944 etwa gleich mit rund 70.000 t bei einer Kopfstärke von 35.000 Mann. Er lief auf allen Kriegsschauplätzen mit Schwergewicht im Osten. Infolge der Verluste ab 1944 sank seine Tonnage in diesem Jahre auf 60.000 t und betrug bei Kriegsende noch etwa 45.000 t.
Auch nach der Kapitulation blieben Teile des GTR noch in Tätigkeit. Mehrere tausend Tonnen liefen weiter in Italien, andere Teile in der Heimat zur Versorgung der Gefangenenlager und der Zivilbevölkerung. Bei Kriegsende auf 700 t abgesunken, wurde er von der englischen Besatzungsmacht auf etwa 4000 t verstärkt und fuhr zwischen Nordsee und Alpen bis Sommer 1946.

Außer den Kw.Tr.Abteilungen zählten zum GTR verschiedene Sonderformationen, die kurz Erwähnung finden sollen:
— NSKK Rgt. 5 mit 8 Kompanien, nur einsatzmäßig unterstellt, truppendienstlich unter dem NSKK verblieben.
— 2 NSKK Werkstätten mit vorzüglicher Ausstattung und bestgeschultem Personal, die bei der Instandsetzung von Kraftfahrzeugen des GTR wertvolle Dienste leisteten.
— Kom.Kol. zu je 10 Omnibussen mit einem Fassungsvermögen von je 20 bis 25 Personen, bestimmt zum Verwundeten- oder Personentransport. Bei Güterbeförderung Ladevermögen je Omnibus 2 bis 3 t.
— Thermoskolonnen, ursprünglich für Fleischtransporte vorgesehen. Als diese durch die üblich gewordene Frischfleischversorgung des Heeres wegfielen, wurden sie ebenfalls zum Nachschubdienst herangezogen. Sie setzten aber wegen ihrer schweren Spezialbauart feste Wege voraus.
— Kesselwagenkolonnen (Kewa) zu 30 oder 60 t; Fassungsvermögen der einzelnen Kesselwagen 2000 bis 6000 Liter Betriebsstoff.
— Deutsche Reichspost-Fronthilfekolonnen, zu je 10 Omnibussen.
— Einige Wirtschaftstransportregimenter unterschiedlicher Stärke, jedoch erst gegen Kriegsende für Heereszwecke verfügbar, vorher bei zivilen Verwaltungsstellen tätig.

Nach Bedarf konnten noch zugeteilt werden:
— Nachschubstäbe z.b.V.
— Baubataillone
— R.A.D.-Abteilungen
— O.T.-Kolonnen

Laut Generalmajor Windisch, dem wir diese Aufzeichnungen verdanken, waren im April 1945 noch nachstehende Einheiten im Einsatz, wobei Verluste und Ausfälle in den Tonnagezahlen nicht berücksichtigt sind;
— 12 Kw.Tr.Regimentsstäbe (ohne NSKK Rgt. 5)
— 23 Kw.Tr.Abteilungen zu je 4 Komp. zu je 500 t (davon 2 Komp. ohne Fahrzeuge)
— 15 Kw.Tr.Abteilungen zu je 4 Komp. zu je 250 t (davon 7 Komp. ohne Fahrzeuge)
— 19 Kraftfahrabteilungen zu je 6 Kompanien zu je 180 t
— 4 Kraftfahrkompanien »a« zu je 90 t
— 43 Kraftfahrkompanien »b« zu je 120 t
— 10 Kraftfahrkompanien »c« zu je 180 t
— 27 Kom.Kol. zu je 10 Omnibussen
— 1 große Kewa zu 60 t
— 8 kleine Kewa zu je 30 t
— 7 Thermoskol. zu je 60 t

Die Lastkraftwagen der Wehrmacht

Überblick

Die größte Schwierigkeit bei der deutschen Heeresmotorisierung war seit Anbeginn die große Hersteller- und Typenvielfalt. Dies lag an der verhältnismäßig geringen Produktionsleistung der damaligen Fahrzeugwerke, insbesondere in den zwanziger Jahren.
Die Reichswehr wollte natürlich auf Grund der Weltkriegserfahrungen endlich von ihren handelsüblichen Straßen-Lastwagen wegkommen und vergab 1926 im Rahmen des ersten Motorisierungsprogramms Aufträge zum Bau von geländegängigen, 3-achsigen Lastkraftwagen (6 x 4).
Im Bestreben die einzelnen Firmen nicht zu überlasten, wurden die Aufträge für den 1,5-Tonner auf 3 Firmen aufgeteilt:
Daimler-Benz (2000 Stück G 3a), Büssing-NAG (2300 Stück G 31) und Magirus (1150 Stück M 206). Die Fahrzeuge waren sich zwar äußerlich absolut ähnlich, aber ein Austausch von Bauteilen untereinander war völlig unmöglich.
Beim 3-Tonner Geländelastkraftwagen waren sogar 4 Firmen an der Produktion beteiligt: Bussing-NAG (300 Stück Typ 3 GL 6), Krupp (ca. 2000 Stück L 3 H 63), Daimler-Benz (7500 Stück LG 3000 — wovon ein größerer Anteil exportiert wurde) und Henschel (25.800 Stück Typ 33D1 und G1, einschl. Magirus-Lizenzbauten).
Hier wurden schon im Ansatz viele Möglichkeiten für die notwendige Standardisierung vergeben.
Ab 1937 versuchte man durch Schaffung des leichten Einheits-Lkw, dem »Einheits-Diesel«, den Wünschen der Truppe gerecht zu werden. Das Fahrzeug wurde, unter Aufsicht des Heereswaffenamts, von verschiedenen Firmen völlig baugleich in über 10.000 Exemplaren gebaut. Der Einheits-Diesel hatte mit seinem 6 x 6-Antrieb und der Einfachbereifung hervorragende Geländeeigenschaften, war aber (wie auch die drei Einheits-Pkw) zu schwer und zu aufwendig.
Der Bau eines mittleren und schweren Einheits-Lkw wurde gar nicht erst weiter verfolgt. Die Truppe mußte somit für den Geländeeinsatz weiter auf handelsübliche 4 x 2- und die 4 x 4-Lkw (die sog. Ergänzungsfahrzeuge) zurückgreifen.
Kurz vor Kriegsbeginn wurde noch der wohlbekannte Schell-Plan des »Generalbevollmächtigten für das Kraftfahrwesen« Oberst Adolf von Schell in Kraft gesetzt. Der Plan sah eine Reduzierung von über 100 verschiedenen Lkw-Typen auf 14 Haupttypen vor. Durch die angespannte Kriegslage kam es aber nur noch zu einer teilweisen Verwirklichung des Schell-Programms. Es nimmt Wunder, daß trotz der damaligen Diktatur die verhältnismäßig kleinen, aber recht eigenwilligen deutschen Firmen nicht »gleichzuschalten« waren, wie etwa die Hersteller in den USA und in Kanada. In diesen Ländern wurde ja durch eine radikale Standardisierung eine ungeheuere Massenfertigung von hochwertigen Kfz. erzielt: allein vom GMC Typ 353 wurden 500.000 Stück gebaut, vom kanadischen Ford F60 über 200.000 Stück usw.

Laut »Deutsche Automobilindustrie« fertigten die deutschen Hersteller bis 1945 insgesamt 429.000 Lkw für den Kriegseinsatz. Dazu kam noch eine erhebliche Zahl von erbeuteten bzw. in besetzten Ländern gefertigter Fahrzeuge. Leider gibt es hierüber keine verbindlichen Zahlenangaben.

Produktionszahlen sind stets ein streng gehütetes Geheimnis aller kriegsführenden Staaten. An Hand der folgenden Statistiken soll ein Überblick über die Kapazitäten der deutschen Lkw-Produzenten vor dem Zweiten Weltkrieg gegeben werden. Die Aufstellung bezieht sich auf das Jahr 1937, spätere Angaben stehen leider nicht zur Verfügung.

Bestand: 321.000 zivile Liefer- und Lastkraftwagen
davon: 83,3 % mit Vergasermotor
12,3 % mit Dieselmotor
0,3 % mit Generatorgas

Die Hauptmarken der Lastkraftwagen waren:

Firma	Anteil in %	Firma	Anteil in %
Büssing-NAG	5,3	MAN	2,0
Daimler-Benz	9,5	Opel	36,5
Hansa-Lloyd-Goliath	12,4	Phänomen	1,7
Henschel	1,1	Tempo	2,0
Krupp	2,9	Ford	16,8
Magirus	3,5	Sonstige	6,3

103.420 Lkw hatten Nutzlasten von 2,0 bis 7,5 t und kamen somit als Ergänzungsfahrzeuge für die Wehrmacht in Frage.

Deutsche Kraftwagen-Kolonne beim Rückmarsch aus Rumänien im Frühjahr 1944. Erkennbar ein Henschel Typ 33 mit Sonderanhänger 202, der mit erschöpften Infanteristen statt mit einer 8,8 cm-Flak beladen ist. (BA)

Deutsche Lastkraftwagen

Carl F.W. Borgward GmbH, Bremen

Die Firma Borgward entstand 1938 nach einer Reihe von krisenbedingter Besitzer- und Namensänderungen.
Hervorgegangen aus der NAMAG (1906-1914) hieß die Firma bis 1931 »Hansa-Lloyd-Werke AG« von 1931 bis 1936 »Hansa-Lloyd und Goliath-Werke, Borgward und Tecklenborg oHG«, von 1936 bis 1938 »Hansa-Lloyd-Goliath-Werke AG« und schließlich von 1938 bis 1949 »Carl F.W. Borgward Automobil- und Motorenwerke GmbH«.
Gefertigt wurden Lkw von 1,0 bis 5,0 t Nutzlast. Die für die Wehrmacht wichtigsten Baumuster waren der Typ Europa V (Einheits-Diesel), von dem 2400 Einheiten bis 1940 gefertigt wurden und die verschiedenen 3-Tonner, von denen 30.000 Stück bis zur Zerstörung des Werks im Jahr 1944 gebaut wurden.

Die Lastkraftwagen von Post und Bahn wurden laufend für Transportaufgaben der Wehrmacht herangezogen. Im Bild ein Hansa-Lloyd Merkur der Deutschen Reichsbahn, geführt von einem m.Pkw. Adler Typ 3 Gd der Luftwaffe.

Ein Borgward 2-Tonner mit einfacher Hinterbereifung nach einem Überschlag (WH-194 475).

Eingezogener, ziviler Borgward mit 4 bzw. 5 t Nutzlast auf dem Transport zur Front. Was mag aus ihm geworden sein?

Der »Lkw 3 t Borgward Typ 3 t Benzin G.W.«, wie er in der D 669/35 vom 3.9.41 dargestellt wurde. Das Fahrzeug wurde geführt als mittlerer Lkw, offen (o) und hatte einen 6-Zyl., 3,4-ltr-Motor mit einer Leistung von 73 PS. Dieser Typ hatte überwiegend das offene Einheitsführerhaus.

Dieser Borgward 3-Tonner des Pi.Btl. 7 ist 1939 am Raba in polnisches Abwehrfeuer geraten. Das »K« neben dem taktischen Zeichen bedeutet »Pionier-Kraftwagen-Kolonne«. Beachte Hansa-Lloyd-Schriftzug im Borgward-Zeichen! (BA)

Ein »Borgward Typ 3 t Diesel G.W.« des SS-Pz.Pi.Btl. 9 »Hohenstaufen« ist 1943 bei Ypern vom rechten Weg abgekommen. Beachtenswert der 3-achsige Anhänger: hat man hier etwa einen Einheits-Diesel zweckentfremdet?

»Borgward Typ 3 t Benzin G.W.« einer Pioniereinheit bei Minsk im Frühjahr 1942.

Der Borgward 3-Tonner mit Kastenaufbau und festem Führerhaus war relativ selten. Hier ein Fahrzeug der Panzer-Beobachtungsbatterie 322 (später Pz.B.B. 90) die der 10. Pz.Div. unterstellt war. Aufbau als Auswerte-Kraftwagen Kfz. 62 mit Sd.Ah. 23 (Sammlerladegerät).

Die Weiterentwicklung des Typs G.W. war der »Lkw 3 t Borgward Typ B 3000«, den es in A- und S-Ausführung, sowie mit 75 PS-Diesel- und 78 PS-Ottomotor ab 1942 gab. Im Bild ein Borgward B 3000 S/D im Herbst 1943 in Südrußland. (BA)

Ein leichter Zugkraftwagen 3 t (Sd.Kfz. 11) schleppt einen Borgward Typ B 3000 der Waffen-SS durch eine Furtstelle in Südrußland.

Funkkraftwagen auf Fahrgestell des Borgward Typ B 3000 in Nordafrika.

Rückzug der 101 I.D. aus dem Raum Nikopol 1943: Borgward Typ B 3000 mit Kofferaufbau als Sanitätsfahrzeug.

Büssing-NAG AG, Braunschweig

Die Firma Heinrich Büssing gilt als ältester deutscher Lkw-Hersteller. Gegründet 1903 als »Heinrich Büssing, Spezialfabrik für Motorlastwagen, Motoromnibusse und Motoren« firmierte sie von 1920-1931 als »Heinrich Büssing Automobilwerke AG«, von 1931-1943 als »Büssing-NAG, Vereinigte Nutzkraftwagenwerke AG« und von 1943-1950 als »Büssing-NAG Nutzkraftwagen GmbH«.
Das Hauptwerk war in Braunschweig, Nebenwerke waren in Berlin-Oberschöneweide, Elbing und Leipzig.
Büssing-NAG fertigte eine Vielzahl von Lkw mit Nutzlasten von 1,5 bis 9,5 t und hauptsächlich mit Dieselmotoren aus eigener Herstellung.
Die wichtigsten Typen für die Truppe waren der G 31 (2300 Stück ab 1931), der Einheits-Diesel (3200 Stück bis 1940) und insbesondere die Typen 500/4500, von denen fast 15.000 Stück in S- oder A-Ausführung hergestellt wurden.

Reklame für den Büssing-NAG Typ 500 A (Jan. 1942).

Der Büssing-NAG 4,5-Tonner hatte einen Büssing-NAG-Dieselmotor vom Typ LD (6 Zylinder, 7,4 l Hubraum und 105 PS Leistung). Die Bezeichnung lautete Typ 500 A für die Allradausführung (4 x 4), bzw. Typ 500 S für die Standardausführung (4 x 2). Das vordere Fahrzeug auf dem oberen Foto ist ein Typ 500 A, erkennbar an den seitlich angebrachten Zughaken und dem kurzen Trittbrett mit großem Türabstand. Bei dem unten abgebildeten Küchenwagen handelt es sich um den Typ 500 S (Zughaken auf der Stoßstange, geringer Türabstand).
Die Fahrzeuge gehörten zum S.R. 74 der 19. P.D. und wurden 1942 bei Juchnow aufgenommen.

Lastzug der Marine mit 2 Anhängern an einem Büssing-NAG Typ 500 S mit offenem Führerhaus (WM-105 225).

Im März 1941 beförderte das Kraftwagen-Transport-Regiment 602 die gesamte 1. Geb.Div. von Besancon an die jugoslawische Grenze. Im Bild ein Büssing-NAG Typ 500 S mit offenem Führerhaus als Tragtier-Transporter.

Ein Büssing-NAG Typ 500 S mit einer zusätzlichen Öffnung in der Bordwand, wie es z.B. bei Küchenwagen anzutreffen war.

Der Wagen I des Kfz. Werkstattzuges nach D 622/6: ein Lkw 4,5 t (gl.) mit geschlossenem Aufbau, mit Maschinen und Einbauten, Werkstätten- und Handwerkergerät (Büssing-NAG Typ 500 A).

Strakonice am 6.5.45: Büssing-NAG 4,5-Tonner mit Holzgasantrieb in tschechischer Hand.

Ab 1942 wurde der Büssing-NAG Typ 4500 ausgeliefert. Dieser hatte einen entfeinerten Kühlergrill und vereinfachte Abluftschlitze. Später entfiel die Stoßstange und auch die vorderen Kotflügel magerten zusehends ab. Hier der Typ 4500 A einer V2-Raketen-Batterie, wo er als »Fahrzeug-Pos.-Nr. 508 Lkw 4,5 t geschl. als Sammler-Lkw (heizbar)« geführt wurde. 1= Ofen für Umlaufheizung, 2=Belüftungsklappe, 3=Werkzeugkästen. (Foto Deutsches Museum, München)

Ein Büssing-NAG Typ 4500 S mit Holz-Führerhaus, kurz nach Kriegsende.

Das Leben ging weiter. So mancher Spediteur hat 1945 mit einem ausgemusterten Militär-Lkw seine Existenz gegründet, so wie diese Ur-Bayern hier mit einem guterhaltenen Büssing-NAG 4500.

Reklame für die 1938 erworbene Tochterfirma A. Froß-Büssing in einer Luftwaffenzeitschrift des Jahres 1943.

Der Büssing-NAG Typ III GL 6 (6x4) wurde von 1931-38 in etwa 300 Einheiten hergestellt. Das Fahrzeug hatte einen 90 PS-Benzinmotor und eine Nutzlast von 2,5 t. Im Bild ein Wetterkraftwagen (Kfz. 72) bzw. Druckereikraftwagen (Kfz. 72).

Ein recht seltenes Fahrzeug bei der Wehrmacht war der Büssing-NAG Typ KD (6x4), der von 1936-38 in 415 Einheiten für den Export in die Türkei gebaut wurde. Das Fahrzeug hatte einen Büssing-NAG LD6-Dieselmotor von 100 PS. Typisch waren das Schutzgitter und die durchbrochene Stoßstange. Das gezeigte Fahrzeug gehörte zur 1. Geb.Div.

Büssing-NAG Typ KD einer unbekannten Nachschubeinheit in Flandern 1940.

Ein Büssing-NAG Typ KD mit leichtem Pontonwagen (Pf. 15) des Pi.Btl. 3 an der polnischen Grenze bei Kujan im Herbst 1939.

Die motorisierten Verbände beanspruchten die Vorfahrt auf befestigten Straßen — die langsamen Fahrtruppen (hier mit schwerem Feldwagen Hf. 2) wurden in die Straßengräben gedrängt. Im Bild ein Büssing-NAG 1,5-Tonner Typ G 31 (6x4) als Fernsprechkraftwagen (Kfz. 77) in Polen 1939. (BA)

Büssing-NAG Typ G 31 als Protzkraftwagen (Kfz. 69) bei der 14. Komp. des I.R. 79.

Der Büssing-NAG Typ G 31 wurde von 1931-36 gebaut und im Rahmen der »Legion Condor« auch in Spanien eingesetzt. Hier ein Peilkraftwagen (Kfz. 61) mit Navigations-Funkpeilanhänger (1achs.) (Sd.Ah. 422).

Büssing-NAG »Burglöwe« als Mannschaftskraftwagen der 6. SS-Gebirgs-Division »Nord« in Nord-Finnland.

Ein umgebauter Büssing-NAG-»Burglöwe«-Möbelwagen als Operationswagen bei der 45. I.D.

Choral bei Kiew am 16.9.41: Kradschützen der 9.P.D. passieren Büssing-NAG 8-Tonner (4x2). Das gezeigte Fahrzeug hat noch Lüftungsklappen anstelle der ab 1938 eingeführten Lüftungsschlitze.

Abwehrstellung in Ungarn 1944: links eine 15 cm schwere Feldhaubitze 18, im Vordergrund ein ziviler Büssing-NAG unbestimmbaren Typs. (BA)

Ein Angehöriger der Organisation Todt bearbeitet einen Stahlträger neben der Rollbahn Minsk-Mogilew. Im Hintergrund donnert ein Büssing-NAG 8,5-Tonner heran, Typ 801 bzw. 802 (6 Zyl. Diesel, 110 bzw. 145 PS, 12,0 l Hubraum, Baujahr ab 1933). (BA)

Daimler-Benz AG, Stuttgart-Untertürkheim

Im Jahr 1926 schlossen sich die »Daimler-Motoren-Gesellschaft« in Untertürkheim und die »Benz u. Cie.« in Mannheim zur »Daimler-Benz AG« (Hauptsitz Untertürkheim) zusammen. Das gesamte Pkw- und Lkw-Programm lief unter dem Markennamen »Mercedes-Benz«.
Gefertigt wurden die technisch hochwertigen Nutzfahrzeuge von 1,5 bis 10,0 t außer in Untertürkheim auch in Mannheim, Gaggenau und Berlin-Marienfelde.
Für die Truppe wurden insbesondere gefertigt: der Typ G 3 a (ca. 2000 Stück), der LG 3000 (7500 Stück), der »Einheits-Diesel« (500 Stück), der 4,5-Tonner in A- und S-Ausführung (ca. 9000 Stück zuzüglich 1500 »Maultier«-Ausführungen) und die Lizenzbauten des Opel »Blitz« (ca. 3500 Stück).

Werksaufnahme des Lastkraftwagen 4,5 t Mercedes-Benz Typ L 4500 A (4x4), der von 1941 bis nach Kriegsende gebaut wurde. Das Fahrzeug hatte einen 6-Zylinder, 7,2 l-Dieselmotor mit 112 PS Leistung.

Rückzug der deutschen Truppen aus Brüssel (2./3.9.44), heimlich fotografiert von einem Belgier. Die Ladefläche ist mit Soldaten belegt; nachgezogen wird eine »große Feldküche Hf. 13« die eigentlich nur für Pferdezug vorgesehen war. Gut erkennbar der helle Tarnanstrich und der Luftraumbeobachter (Lucki-Lucki) auf dem vorderen Kotflügel. Es handelt sich um einen Mercedes-Benz Typ L 4500 und zwar um die S-Ausführung, wie man an der Randnabenvertiefung (vorne) erkennen kann.

Gegen Ende des Krieges wurde auch der Mercedes 4,5-Tonner stark abgemagert: fehlende Stoßstangen, primitive Kotflügel, verkleinerte Scheinwerfer und ein Fahrerhaus aus Pressholz waren die augenfälligsten Merkmale. Dieser Typ L 4500 S fuhr mit tschechischer Besatzung am 5.5.45 zur Waffenfabrik Strakonice.

Wer nach Kriegsende das Glück hatte, nicht in Gefangenschaft zu sitzen, konnte mit einem ausgemusterten Wehrmachts-Lkw ein florierendes Fuhrunternehmen gründen. Hier ein Mercedes-Benz Typ L 4500 S mit modernisiertem Führerhaus und der Zulassung A/B 47-6553 für Amerikanische Zone Bayern, Stadtkreis München.

Eine Anzahl des Mercedes-Benz Typ L 4500 A erhielt einen 8 mm starken Kühlerschutz und eine Kabinenpanzerung. Im Bild ein ausgebranntes Fahrzeug in Belgien 1944 mit aufgebauter 3,7 cm-Flak und einer 8,8 cm-Flak im Schlepp.

Der m.gl.Lkw (o) Mercedes-Benz Typ LG 3000 (6x4) hatte eine Nutzlast von 2,8 t und einen Daimler-Benz-Dieselmotor Typ OM 67 mit 6 Zyl., 7,4 l Hubraum und 95 PS Leistung. Hier die Detailaufnahme eines Fahrzeugs der 5./Eisenbahn Pi.Rgt. 3 bei Rostow, auf der man gut den Spill vor den Hinterrädern sieht.

Heckansicht eines Mercedes-Benz Typ LG 3000 als Zugmittel für eine leichte Feldhaubitze 15. Zur Schonung der Holzspeichenräder von älteren Geschützen (»hot.«), mußten diese beim Kraftzug (mot.) auf sog. Rollböcke verlastet werden.

Mercedes-Benz Typ LG 3000 mit Doppelkabine und verlängerter Ladefläche als Transportfahrzeug für die Wurfgestelle des schweren Wurfgeräts 40. Beachte die abgebauten Spriegel an der Fahrerfront und die Geländekette (»Sondergleitschutz für Mehrachsfahrzeuge«) in seitlichen Halterungen an der Ladebordwand.

Infolge eines Navigationsfehlers landeten diese Luftwaffen-Soldaten ihren Mercedes-Benz Typ LG 3000 mitten im vielbesungenen Westerwald. Gut erkennbar: der Spill (links), die Wagenwinde auf dem Trittbrett, die Seilrolle mit Schutzüberzug vor dem Kühler und die Seilführung auf der Stoßstange.

Zwei Ansichten eines »Flugbetriebsstoff-Kesselkraftwagens (Kfz. 384) mit Fahrgestell des m.gl. Lkw. (o)«, einem Mercedes-Benz Typ LG 3000 des J.G. 2 in Nordfrankreich 1942. Beachte die für die Tankwagen übliche Lage des Auspuffs unter der vorderen Stoßstange, die Schlitzüberdeckung der Hauptscheinwerfer und die Reifen mit dem verhältnismäßig seltenen »Wehrmachtseinheitsprofil«. Der Aufbau hatte ein Fassungsvermögen von 3500 l Treibstoff.

Der l.gl. Lkw. (o) Mercedes-Benz Typ G 3 a (6x4) wurde von 1929-35 gebaut und hatte einen 6-Zyl.-Otto-Motor mit 68 PS aus 3,7 l Hubraum. Im Bild ein Mannschaftskraftwagen (Kfz. 70) der Pionier-Ergänzungs-Komp. Ingolstadt bei einer Übung an der Ammer/Obb., 1936, noch mit RW-Zulassungsnummer.

Die Feldküche war, jedenfalls nach Meinung der Truppe, das mit Abstand wichtigste Kriegsgerät. Um den motorisierten Verbänden auch entsprechend folgen zu können, wurde das Küchengerät komplett auf geländegängige Lkw's montiert. Hier ein Mercedes-Benz Typ G 3 a (RW-33570) mit aufgeschraubtem »großen Feldkochherd (Fkh. 13)«, der 225 Essen liefern konnte. Die Plane war im Herdbereich abgesenkt, um Abstand zur funkenwerfenden Schornsteinmündung zu gewinnen.

Mit der vorstehenden Federhand und dem eckigen Kühler wirkte der Mercedes-Benz Typ G 3 a schon etwas veraltert. Geländegängigkeit und Verarbeitung wurden aber sehr gelobt; einige Fahrzeuge liefen bis Kriegsende. Im Bild ein Vermessungsgerätkraftwagen (Kfz. 64) der 5. Komp./Eisenbahn Pi.Rgt. 3 mit Reifenpanne beim Vormarsch zum Kaukasus im August 1942.

Das gleiche Fahrzeug in Bukatgina (4.-12.1.42) ohne jeglichen Wintertarnanstrich. Beachte Überzüge über die Positionslampen mit senkrechten Lichtaustrittschlitzen.

Ein Mercedes-Benz Typ G 3 a aus der Aufbauzeit der Wehrmacht, mit Kofferaufbau und Signalhorn. Das Fahrzeug gehörte zur 2. Komp./Nachrichtenabtl. 7 und trägt die Aufschriften »Kl.Fu.Kw. 3 (Kfz. 61)« und »Eigengewicht 3650 kg, Nutzlast 1250 kg«. Laut D 600 ist es ein »Funkkraftwagen (Kfz. 61)«.

Diese rotlackierten Mercedes-Benz Typ L 1000 Express-Landpostwagen (1926-34) der Reichspost liefen beim Kranken-Kraftwagen-Zug 54 der 1. Geb.Div. als schlecht gefedert Krankenkraftwagen (Kfz. 31). Aufstellung vor dem Dukla-Pass im Herbst 1939.

Der Mercedes-Benz Typ L 1500 S wurde ab 1937 sowohl mit Otto-(47 PS) als auch Dieselmotor (45 PS) gebaut. Der 1,5-Tonner war für den militärischen Bereich zu klein und unwirtschaftlich. Im Bild ein Pritschenwagen des SS-Geb. Pionier-Btl. 6 (Division »Nord«) am Pya-See (Nordfinnland) im Herbst 1943.

Ein Mercedes-Benz Typ L 1500 S gefolgt vom Opel-Blitz-Küchenwagen und dem Operationswagen eines unbekannten Luftwaffen-Feldlazaretts mit dem Abzeichen einer Gemse (ähnlich I./J.G. 51).

Der allradgetriebene 1,5-Tonner wurde in den entsprechenden Vorschriften sowohl als s.gl.Pkw. als auch l.gl.Lkw. eingestuft. Hier ein erbeuteter Mercedes-Benz Typ L 1500 A Mannschaftskraftwagen (Kfz. 70) bei der amerikanischen 79. Fighter Groups (P-40) in Tunesien 1943.

Am Bahnhof Holzkirchen/Obb. ganz kurz nach Kriegsende. Der Mercedes-Benz Typ Lo 2000 bzw. Lo 2500 (Lo = Halbniederrahmen) hat die seltene Zulassungsnummer der Übergangszeit »B/Y«. Der recht abgemagerte Citroen 3,5-Tonner mit Holzgasantrieb läßt noch eine Wehrmachtszulassung und den Sockel des Tarnscheinwerfers erkennen. Mit den beiden Fahrzeugen sammelte ein cleverer Unternehmer verlassene Wehrmachtsfahrzeuge, Motoren, Schrott u. dergl.

Vom 3-Tonner Mercedes-Benz Typ L 3000 S (4x2) wurden von 1938-1944 ca. 16 000 Einheiten gebaut. Das Fahrzeug hatte einen OM 65/4-Diesel-Motor (OM = Ölmotor): 4 Zyl., 4,8 l Hubraum, 75 PS. Das gezeigte Fahrzeug eines Luftwaffe-Feldlazaretts hat sich 1942 in der südrussischen Steppe festgefahren.

Werkfoto eines allradgetriebenen Mercedes-Benz Typ L 3000 A (4x4). Das Fahrzeug hatte denselben Motor wie die S-Ausführung, die gezeigte Kabine ging nicht in Serie. Ein wichtiges Erkennungsmerkmal des Frontantriebes ist, neben dem vorderen Ausgleichsgetriebe, der massive Antriebswellenstumpf der Vorderräder, den man bei dieser Aufnahme gut erkennen kann.

Ein Mercedes-Benz Typ L 3000 mit rumänischen Soldaten im Frühjahr 1944. Hinsichtlich der Anbringung von Hacke und Schaufel dürfte es sich um eine A-Ausführung handeln. Beachte die typische Aufständerung des Tarnscheinwerfers und das tschechische MG 26. (BA)

Ende Juni 1941, kurz vor dem Angriff auf Riga: Soldaten des Radfahrbtl. 402 beim Essenfassen am Küchenwagen, einem Mercedes-Benz Typ L 3000 S.

Mittlerer Kraftomnibus (o) Mercedes-Benz Typ O 2600 als »Mammut-Funkwagen« der 3./Geb.N.A. 54 bei Lemberg 1941. Das Fahrzeug nahm drei Funktrupps mit einem 100-Watt- und einem 5-Watt-Sender, sowie vier Empfänger »b« auf. Die Antenne »System Klotz« entstand im Eigenbau. Der Omnibus mit Aufbau des »Karosseriewerks Mannheim« war mit einem Tachometerstand von 150 km in Jugoslawien erbeutet worden.

Die eingezogenen Kraftomnibusse wurden hauptsächlich als geräumige Befehlskraftwagen eingesetzt. Auf russischen »Straßen« waren diese asphaltgewohnten Fahrzeuge natürlich reichlich überfordert. Im Bild ein Linienbus (42 Personen), Baujahr ca. 1936, auf Fahrgestell des Mercedes-Benz Typ Lo 3750 (100 PS Diesel) der 1942 in der Ukraine von der Organisation Todt freigeschleppt werden mußte. (BA)

Mercedes-Benz Typ L 3750 (WH-142 893) einer unbekannten Einheit (wahrscheinlich Bau-Pioniere) mit Baumaterial bzw. Betonmischern auf der Fahrt zum Westwall. Lastzüge mit zwei Anhängern, wie hier, erreichten eine beachtliche Länge und stellten eine erhebliche Gefahr für den übrigen Verkehr dar, da konnte auch das warnende »Dreieckszeichen« auf dem Führerhaus nichts ändern. Der L 3750 hatte einen 6 Zyl., 7,2 l, 100 PS-Dieselmotor und ist gut an den vorderen Trilex-Rädern zu erkennen.

Zu Beginn des Frankreichfeldzuges wurden die Kraftwagen-Transport-Regimenter durch Reichsbahnfahrzeuge mit einer Gesamt-Nutzlast von über 10.000 Tonnen verstärkt. Hier ein derartiger Lastzug der Deutschen Reichsbahn, ein Mercedes-Benz Typ L 6500 mit einem Anhänger (mehrachsig) offen (o), Nutzlast bis zu 11,0 t, in einer halsbrecherischen Lage bei Peronne. Leider findet sich auf dem Foto der 1. Geb.Div. kein Hinweis wie es zu diesem Brückeneinsturz kam, bei dem die komplette Hinterachse herausgerissen wurde, und welche Rolle der französische Panhard 178 dabei spielte.

Der Einheits-Diesel (verschiedene Hersteller)

Die Entwicklung eines »Einheitsfahrgestells für leichte Lastkraftwagen« entsprach genauso wie die leichten, mittleren und schweren Einheits-Pkw dem dringenden Wunsch der Wehrmachtsführung nach einer Vereinheitlichung des Fahrzeugbestandes. Federführend für die technische Auslegung war das Heereswaffenamt (HWa). Der Diesel-Motor vom Typ HWa 526 D (80 PS) wurde von MAN in Zusammenarbeit mit Henschel und Humboldt-Deutz entwickelt. Das Fahrgestell wurde hauptsächlich von Henschel geplant.
Der »Einheits-Diesel«, wie das Fahrzeug allgemein hieß, wurde von 1937 bis 1940 gebaut und zwar von MAN (ca. 1.800), Henschel (ca. 1.500), Magirus (ca. 2.500), Büssing-NAG (ca. 3.200), Faun (ca. 700), Daimler-Benz (ca. 550) und wahrscheinlich Vomag. Das Fahrzeug war technisch fortschrittlich, robust und zuverlässig. Durch die aufwendige Fahrwerkskonstruktion (6-Rad-Antrieb und Einzelradfederung aller Räder) war der Einheits-Diesel außerordentlich geländetüchtig und darum bei der Truppe sehr beliebt. Ein Nachteil war die geringe Nutzlast von 2.375 kg, der ein Leergewicht (betriebsbereit mit einem Fahrer) von immerhin 4.925 kg gegenüberstand. 1940 wurde die Produktion eingestellt; es gab inzwischen billigere 2-Achs-Lkw mit vergleichbaren Leistungsdaten.

Ein Einheits-Diesel mit Gleitschutzketten (Ruud-Reklame von 1940) auf allen 6 Antriebsrädern. Das Ersatzrad fehlt, dadurch ist die Auspufflage gut erkennbar. Die typische Vertiefung in der Beifahrertür war nötig, um ein volles Öffnen dieser Türe zu ermöglichen. Die meisten Fahrzeuge hatten Bordwände aus Stahlblech und nicht, wie hier, aus Holz.

Vormarsch östlich Smolensk im Sommer 1941: Einheits-Diesel (offensichtlich mit Pioniermaterial beladen) mit unüblichen Balkenkreuzen an der Bordwand, passieren den Kampfplatz eines Durchbruchgefechtes. Ein Panzerkampfwagen 38 (t) liegt beschädigt im Graben, und einem Sd.Kfz. 10/4 mit Munitionsanhänger ist die 2 cm-Flak abhanden gekommen. Jenseits der Straße erkennt man einen russischen Spähwagen sowie mehrere Wracks im Gelände. Links im Bild ein »leichter Zugkraftwagen 3 t (Sd.Kfz. 11)« mit dem taktischen Zeichen einer Haubitzenbatterie und ein mittlerer Einheits-Pkw. Alle Fahrzeuge tragen Fliegersichtzeichen — eine unerlässliche Maßnahme beim schnellen Vorstoß der motorisierten Verbände. (BA)

Ein Einheits-Diesel neben einem riesigen Sprengtrichter in dem fast einer der seltenen belgischen Pak-Träger »Canon de 47 mm sur Vickers-Carden-Lloyd T.13« verschwunden wäre. (BA)

Eingebrochener Einheits-Diesel der 1. Geb.Div. in Rumänien 1941. Ein Betriebsstoffwagen mit der Aufschrift »Feuergefährlich! Rauchen, Betr. mit offenem Licht verboten!«

Eine Feldküche mit 6-Radantrieb: Heckansicht eines Einheits-Diesel mit aufgebautem »großen Feldkochherd Fkh. 13« bei der Essensausgabe.

Fahren mit aufgesetzter Gasmaske — zum Glück wurde dies im 2. Weltkrieg nie erforderlich.

Fabrikneuer »leichter geländegängiger Lastkraftwagen, offen, mit Einheitsfahrgestell für l.Lkw.« bei einer Probefahrt im Jahr 1938. Die Türaufschrift lautet: — Eigengewicht 4700 kg, — Nutzlast 2425 kg oder 25 Personen, — Anhängerlast 3500 kg, — Last gleichmäßig verteilen!
(Foto Deutsches Museum, München)

August 1941: Ein Einheits-Diesel der Gebirgsjäger furtet durch einen estländischen Fluß. Als Anhägelast ein defekter Kübelwagen (wahrscheinlich ein Wanderer W 14), den man auf einen Rangierwagenheber gesetzt hat.

Vormarsch der Panzergruppe 3 (Hoth) im Sommer 1941. Die Nachschubeinheiten folgen mit ihren Einheits-Diesel den Panzern dichtauf.

Der »Meßstellen- und Gerätkraftwagen (Kfz. 63) mit Einheitsfahrgestell für leichten Lkw.« war für eine Besatzung von 1 + 7 Mann vorgesehen und hatte eine zusätzliche Türe zur Ladefläche.

»Schneefräse auf Einheitsfahrgestell« laut H.Dv. 471 (1939) mit zusätzlichen Vorderrädern, Tür zur Ladefläche, Hilfsketten und Heckscheinwerfern. An der Rückfront die Zulufteinführung, Kühler und Andrehkupplung für den Antriebsmotor der Schneefräse. Der gezeigte Mimikri-Anstrich war für den Wintereinsatz sicher nicht ganz optimal.

Neben dem offenen Aufbau mit offenem Führerhaus gab es eine Vielzahl von geschlossenen Aufbauten mit geschlossenem Führerhaus. Im Bild ein »Schallauswertewagen (Kfz. 62) mit Einheitsfahrgestell für l.Lkw.« der Panzer-Beobachtungs-Batterie 321 in Bereitstellung bei Amapol an der Weichsel am 22.6.1941. Das Fahrzeug mit der Zulassung WH-790516 zeigt an der Frontscheibe die Nr. 11. Gut zu erkennen der sehr tief sitzende untere Querlenker, der die Bodenfreiheit auf 28 cm begrenzte.

Zwei Kfz. 62 der Pz.B.B. 321 haben sich in der ukrainischen Erde festgefressen. Links die Nr. 11 aus vorstehender Abbildung (an der Tür das Zeichen der 9. P.D.), rechts WH-632130 mit der Nr. 24 und »K« für Panzergruppe 1 über Stoßfänger und Kotflügel.

Ein Einheits-Diesel mit geschlossenem Aufbau auf einem Knüppeldamm, der laut Bildunterschrift ständig von den Frontarbeitern der OT gewartet wird. (BA)

Bahntransport des Kfz. 62 (WH-632130) der Pz.B.B. 321; links zum Vergleich ein Einheits-Diesel mit offenem Aufbau. Der dreieckige Kasten zwischen den Hinterrädern beinhaltete die Gleitschutzketten. Diese waren bei den Pritschenwagen mit eckigen Hinterkotflügeln in Staukästen an deren Vorderkante untergebracht.

»Funkmastkraftwagen (Kfz. 68) mit Einheitsfahrgestell für l.Lkw.« beim äußerst langwierigen und unbeliebten »Fertigmachen zum Appell«.

Hier noch ein Einheits-Fahrzeug, das eigentlich das Fahrgestell eines leichten Lkw. hatte (Nutzlast 1 t) aber als schwerer Pkw. lief. Im Bild ein besonders interessantes Exemplar, ein »Fernsprechkraftwagen (Kfz. 23) mit Einheitsfahrgestell II für s. Pkw.« mit der typischen, dritten Seitentüre. Trotz Vierrad-Antrieb und Vierrad-Lenkung (siehe Einschlag der Hinterräder), war dieser »schwere Einheits-Pkw.« mit einem Gefechtsgewicht von 4,5 t anscheinend nur unter Einsatz aller Kräfte über eine Böschung in Bulgarien (Frühjahr 1941) zu bringen. (BA)

FAUN-Werke, Nürnberg

Die Fahrzeugfabriken Ansbach und Nürnberg AG (FAUN) waren 1919 aus dem Zusammenschluß der »Fahrzeugfabriken Ansbach AG« und der »Nürnberger Feuerlöschgeräte-, Automobillastwagen- und Fahrzeugfabrik« hervorgegangen. Das Fertigungsprogramm sah Lastwagen von 2 bis 9 t vor, wobei sich die Stückzahlen jeweils in bescheidenen Grenzen hielten. Wehrmachtsaufträge erhielt FAUN u.a. für den Einheits-Diesel (700 Stück), den 9-Tonner (u.a. als Panzertransporter) und für schwere Radschlepper.

Ein eingezogener FAUN 5-Tonner auf der Don-Höhenstraße im Sommer 1942. Der aufgewirbelte Staub war für die Motoren mörderisch – die Fahrzeuge waren für derart extreme Verhältnisse einfach nicht vorgesehen.

Winter 1942/43: Kurz vor Staraja-Russa arbeitet sich dieser FAUN L 900 (WL-282684) mit Anhänger mühsam eine vereiste Steigung hoch. Das Fahrzeug hatte eine Nutzlast von 9 t und wurde wahlweise angetrieben von Deutz-Dieselmotoren mit 6 Zyl., 13,5 l und 150 PS oder 8 Zyl., 18,0 l und 200 PS.

Schienengängiger FAUN 9-Tonner Typ L 900 der 5. Komp./Eisenbahn-Pionier-Regiment 3 in Rostow im August 1942 mit Kran, Tragfähigkeit 7 bis 9 t. Zum (recht mühsamen) Übergang von Straßen- auf Schienenbetrieb wurden alle Räder abmontiert und die Hinterachse, sowie die Blindachse unter dem Führerhaus, mit Schienenrädern versehen. Am vorderen Stoßfänger erkennt man die gefederte »Pufferbrust«.

Seitenansicht des FAUN 9-Tonners mit einem Kran, der 5 bis 8 (max.10) Tonnen Tragfähigkeit hatte. Gut erkennbar die Blindachse hinter dem Vorderrad.

Dieser FAUN 9-Tonner mit auf 10 t Tragkraft verstärktem Autokran des Landungs-Pi.Btl. 771, wurde am 19.9.44 bei Kraljevica durch alliierte Jagdbomber in Brand geschossen.

Ford-Werke AG, Köln-Niehl

Die für den deutschen Markt gegründete »Ford Motor Company AG« nahm erstmals 1926 in Berlin — als reines Montagewerk — den Betrieb auf. 1931 erfolgte der Umzug nach Köln-Niehl. Ab 1935 wurde die restlose Umstellung in eine selbständige deutsche Automobilfabrik vollzogen. Ab 1939 lautete der Firmenname »Ford-Werke AG«.
Die wichtigsten Wehrmacht-Lkw waren die verschiedenen 3-Tonner (ca. 50.000 Stück) und der Gleisketten-Lkw »Maultier« (ca. 15.000 Stück).

Der Typenschlüssel am Beispiel des Typs G 398 TS:
G = Deutschland
3 = Modelljahr 1943 (9 = 1939)
9 = 3,9-l-Motor (1 = 3,6 l, 8 = 3,2 l)
8 = Modell
T = Lkw
S = Standard (4 x 2)

Firmenreklame 1942: Ein Lkw. 3 t Ford, Baumuster V 3000 S (Typ G 198 TS), auf einer Kriegsbrücke in Rußland.

Ganz oben:
Ein 2,5-Tonner Ford Modell BB Ausführung 1937 (4 Zyl., 3,2 l, 52 PS) neben einem französischen Char B 1 bis.

Mitte:
Mit Achsenbruch verunglückter Ford Modell BB Ausf. 1937 des Jagdgeschwaders 53 in Frankreich 1940.

Rechts:
Dieser Ford Ausf. BB diente noch 1943 bei der 1. Geb.Div. und mußte hier beim Rückzug aus Kertsch selbstvernichtet werden. Im Vordergrund Behälter mit der Aufschrift: »Glysantin Frostschutzmittel, 50 l, Heer«.

Kl.Kw.Kol. 653 bei Rouen am 11.10.1940, aufgenommen durch Propaganda Kompanie 612. Im Bild Ford 3-Tonner Modell 1939, der sog. Ford-Einheitslastwagen, WH-265704. Diesen Typ mit der ovalen Kühlerform gab es ab 1938 in den USA, und er wurde 1939, etwas abgeändert, in Deutschland übernommen. Das typische Merkmal für alle in Deutschland gefertigten Ford-Lkw., war die ungeteilte Frontscheibe. Der 3-Tonner hatte einen Motor Ford V8, 3,6 l, 90 PS (Fahrzeugtyp G 917 T St IIIa) bzw. einen Ford V8, 3,9 l, 95 PS im G 997 T St IIIb. (BA)

Ford Typ G 917 T bzw. 997 T, hier mit offenem Fahrerhaus, als Nachschubfahrzeug einer Luftwaffen-Einheit.

Vor Maikop in Südrußland, Sommer 1942: Ford Modell V8-51 der 5./Eisb.Pi.Rgt. 3 mit offenem Führerhaus und 1-achsigem Anhänger (Drucklufterzeuger?). Dahinter ein Büssing-NAG Typ G 31 und russische Beute-Lkw. Der V8-51 wurde von 1937-39 gebaut und hatte einen V8-Benzinmotor, 3,5 l Hubraum und 90 PS Leistung.

Dieser eingezogene Kraftomnibus aus dem Regierungsbezirk Düsseldorf war im Herbst 1939 bei der bayerischen 57. I.D. als motorisierte Zahnbehandlungsstation in Polen eingesetzt. Dieses Fahrzeug hat ein Fahrgestell des Ford Modell V8-51 mit der Kühlerblende des Pkw's Ford V8 Special.

Ford 3 t Modell 1939 in der russischen Steppe; beachte Scheinwerferüberzüge und Dreieck-Zeichen auf dem rechten Kotflügel.

Dieser Ford 3-Tonner Modell 1939 einer Sanitätskompanie der 6. SS-Gebirgs-Division »Nord« wurde im Herbst 1942 bei Nivalla in den Graben gedrängt.

Die ständige Überbelastung der Truppe forderte viele Verluste durch Übermüdung. Der Fahrer dieses Ford 3 t Modell 1939 (Betriebsstoff und Gerät) der 19. Pz.Div. wachte im Herbst 1941 plötzlich in einem Straßengraben vor Roslawl auf! Gut erkennbar, die flache Kotflügel-Form der Abschlußausführung.

Sämtliche Ford-Lkw. konnten für den Heimateinsatz auf Holzgasbetrieb umgestellt werden. Bei den 8-Zylindertypen G 917 T (3,6 l) und G 997 (3,9 l) saß der Gaskühler (meist. Fabr. Imbert) vor der Kühlerverkleidung, deren Rippen abgeschnitten werden mußten. Bei den 4-Zylindertypen G 987 T (3,2 l) war der Gaskühler unter der Motorhaube angebracht. Im Bild ein G 997 T in Wuppertal mit Holzgasanlage und Zulassung »Rheinprovinz« mit »rotem Winkel« (Zulassungsnachweis für zivile Kfz.). Auf der Ladefläche erkennt man den Gaserzeuger (Fabr. Imbert, 550 mm Durchmesser) und unter dem Stoßfänger den Absitzbehälter, dessen Reinigung eine äußerst unbeliebte Arbeit war.

Nur in wenigen Exemplaren gebaut: Sanitätskraftwagen (Kfz. 31) auf Fahrgestell des Ford 3-Tonners (mit einfachen Hinterrädern) der Karosseriebaufirma Christian Miesen.

Nach amerikanischem Vorbild geschnitten, aber mit ungeteilter Frontscheibe, erschien 1941 der neue 3-Tonner unter der Typenbezeichnung G 198 TS (3,9 l, V8-Benzinmotor), der bei der Wehrmacht als Typ V 3000 S lief. Im Bild ein Ford V 3000 S im Oktober 1942 bei Rshew. Ein Fahrzeug der 1. Serie, erkennbar an der »Baumusterbezeichnung S« auf dem Kühlerschutzgitter und »Verzierung links/rechts« (mit Ford-Schriftzug) an der Unterkante der Motorhaube. Gut erkennbar die Nr. 17, das Helmzeichen der I.D. (mot.) »Großdeutschland« und das taktische Zeichen für »Große Kraftwagenkolonne für Betriebsstoff (50 cbm) 1/13«.

Geleitzug in der Kalmückensteppe: Ein Panzer III schleppt einen Ford V 3000 S der 71. I.D., eine Krupp-Protze und einen Pkw. aus unwegsamen Gelände.

Ein Ford 3-Tonner mit Holzgasantrieb im Einsatz beim Reichsarbeitsdienst. Der Gaserzeuger und das Brennmaterial befanden sich beim gezeigten Ford Typ G 188 TG (4 Zyl., 3,2 l) zwischen Fahrerhaus und Ladefläche.

Von den Amerikanern erbeuteter Ford V 3000 S in Reims 1944. Eine späte Ausführung mit flachen Kotflügeln, kurzem Stoßfänger, geändertem Haubenverschluß und kleinen Hauptscheinwerfern.

Im Jahr 1943 erschien der Ford V 3000 S mit vergrößertem Kühler als G 388 TS (4 Zyl., 3,2 l) und G 398 TS (V8, 3,9 l). Das Fahrzeug hatte zusätzliche Lüftungsschlitze in der Motorhaubenfront und zwei Luftklappen in der Motorhauben-Oberseite. Im Bild »einer, der's überlebt hat« kurz nach Kriegsende in Berlin.

Werksaufnahme eines Ford V 3000 S (G 398 TS) mit Einheitsführerhaus, Kühlerschutz, hochliegendem Kühler, einseitigem Peilstab und Zugöse. Der Pfeil am Kühler deutet die eingebaute Winter-Sonderausrüstung 92 an.

In den Jahren 1943/44 wurde, in kleinen Stückzahlen, vom 3-Tonner auch eine allradgetriebene Frontlenkerausführung gebaut. Pate war der amerikanische Ford COE, Ausf. 1939 (COE = cab over engine). Die Aufnahme stammt aus »Krafthand« Ausg. Jan. 1945 und ist betitelt: »Nachschub-Lkw's rollen in langen Kolonnen aus unseren Werkstätten zu allen Fronten«.

Das Fahrzeug hatte die Typenbezeichnung Ford V 3000 A (G 198 TWA), was auf eine Entwicklung schon aus dem Jahre 1941 hindeutet. Das »W« ist im Typenschlüssel nicht aufgeführt — es könnte »Wehrmacht« bedeuten. Der Wagen hatte einen V-8, 3,9 l, 95 PS-Benzinmotor und wurde hauptsächlich in Norwegen eingesetzt. Im Bild finnische Fahrer, kurz nach dem deutschen Rückzug.

Henschel und Sohn GmbH, Kassel

Die Firma Henschel fertigte schon im 19. Jahrhundert Lokomotiven und Eisenbahnmaterial. Ab 1928 wurden auch Lastkraftwagen in die Produktion aufgenommen. Bis zum Kriegsende stellte Henschel insgesamt 25.035 Lkw (einschl. Busse) her.
Spezielle Lkw für den Truppengebrauch waren der Einheits-Diesel (ca. 1500 Stück) und vor allem die geländegängigen 3-Tonner Typ 33 D1 (Otto) und Typ 33 G1 (Diesel) von denen (einschl. Typ B1 und FA1) 22.000 Einheiten gefertigt wurden. (Anmerkung: nach weiteren, ebenfalls zuverlässigen, Quellen wurden 10.300 Stück geliefert, evtl. ging der Rest in den Export).
Vom Typ 33 G1 fertigte KHD über 3800 Lizenzmuster mit eigenen Deutz-Motor.

Henschelreklame aus dem Jahre 1939

73

Henschelqualität: dieser Henschel Rex »mittlerer Betriebsstoffkesselkraftwagen (o)« Baujahr 1926 tat noch im Herbst 1940 auf dem Werkflugplatz von Focke-Wulf in Bremen Dienst. Hier beim Betanken der FW 190 Werk Nr. 0022.

Bei der Bahnverladung in Orscha im Juni 1944 eingebrochener Henschel 6 J 1, ein 6,5-Tonner mit 6 Zyl., 125-PS-Dieselmotor.

Ein 4-Tonner Henschel 40 S 2 auf der Straße von Millerowo zum Don im Sommer 1942. Das Fahrzeug hatte schon den neuen Kühlergrill und wurde ab 1937 mit 6 Zyl., 95-PS-Dieselmotor gebaut.

Lastkraftwagen 3 t Henschel u. Sohn Typ 33 als mittlerer Flakkraftwagen (m.gl.Lkw. off.(o)). Das Fahrzeug diente als Zugmittel für die 3,7 cm Flak 18 und hatte als Besatzung einen Kw.-Führer, einen Kw.-Begleiter, einen Geschützführer, sieben Kanoniere und zwei Flugmeldeposten. Am Rahmen hinter der Fahrerkabine der Spill mit 5 t Zugkraft, darüber der Staukasten für das 25 m (teilweise 50 m) lange, 14 mm starke Zugseil mit einer Bruchfestigkeit von 15 t. Die beiden Ersatzräder waren am Heck unter der Ladefläche angebracht. (a = 2 Gewehre in Halterung, c = Spaten, lang).

Das selbe Fahrzeug (WL-62338) von rechts. Unter der Fahrerkabine der großvolumige Bremsen-Druckluftbehälter der ersten Serie. Teilweise waren auch hintereinanderliegende Doppelbehälter angebracht. Die meisten Typen hatten aber zwei querliegende Druckluftbehälter unter dem hinteren Rahmenteil. An den Bordwänden die Gleitschutzketten in ihren Halterungen, vor der Fahrerkabine die abgebauten Planen-Spriegel.

Fahrlehrerkurs (Gelände) in Grafenwöhr im März 1937. Das (Vorkriegs-) Abzeichen »liegende Doppel-7« weist auf das Pi.Btl. 7, Rosenheim, hin. Den Henschel Typ 33 gab es mit einer Vielzahl von Stoßstangen, hier die einfache Rohrform einer frühen Serie. Beachte U-Träger zur Aufnahme von Pi.-Gerät an den Rahmenköpfen.

Die Henschel-Lkw. Typ 33 waren hauptsächlich bei den Pionieren eingestzt. Dieser Wagen (mit doppelter Stoßstange) des Pi.Btl. 14 wurde im Frühjahr 1935 vom Hintermann gegen einen Chausseebaum geschoben.

Typische Straßenszene bei Orel: Feldjäger leiten den Verkehr, vorne ein Schild zum Stab der 5.Pz.Div., rechts ein Büssing-NAG, in der Mitte ein Henschel Typ 33 mit der seltenen Stoßstange aus Flachstahl und dem mittig gesetzten Tarnscheinwerfer auf einem Rohrträger.

Eine Brückenkolonne B auf der Reichsautobahn: Henschel Typ 33 als Pionierkraftwagen I mit Ponton-Wagen (Pf.11). Das entsprechend dem Beladeplan mitgeführte MG 34 ist auf Fliegerdrehstütze montiert. Die meisten Lkw. der Grenadier-, und Pionierkompanien waren auf der Ladefläche mit einem »Bodenloch zum Einschrauben der Fliegerdrehstütze« versehen, das durch eine Klappe zu verschließen war.

Gerät-Kraftwagen der Eisenbahn-Pioniere in Fordon (Polen), Henschel Typ 33.

Henschel Typ 33 in typischer Vorkriegs-Tarnbemalung.

Ein Henschel Typ 33 aus dem Wehrkreis Berlin. Die Haupt-, Such- und Positionsscheinwerfer tragen Tarnüberzüge — ein Tarnscheinwerfer ist noch nicht angebracht. Beachte unter dem linken Hauptscheinwerfer die ösenförmige Führung des Spillseils, das durch den Kotflügel (Klappe an der Rückseite) geführt wurde.

Hier wird eine Propaganda-Ente vorbereitet! Während auf dieser Aufnahme die — durch Überschlag beschädigte — Me 109 E das standesgemäße Balkenkreuz trägt, zeigt eine zweite Aufnahme diese weiße 14 noch auf dem gleichen Einachs-Anhänger, plötzlich mit einer Kokarde! Wer weiß Näheres? Zugmittel ist ein Henschel Typ 33.

Rauhfutter für die Pferde oder Schlafunterlage für die Truppe?! Wenn es sich um ein Fahrzeug der 5.Pz.Div. handelt, wie das Zeichen auf dem rechten Kotflügel vermuten läßt, kam durchaus die letztere Möglichkeit in Frage! Bei diesem Henschel Typ 33 (WH-28855) ist nicht auszuschließen, daß der Tarnscheinwerfer Teile des »Hirschgeweihs« anleuchtet, was durchaus nicht der Anbauanweisung entsprach.

Die auf dieser Seite gezeigten Fahrzeuge waren Spezial-Kfz. der Nebeltruppe auf Fahrgestell des Henschel Typ 33, die wenig in Erscheinung traten und meist anderen Aufgaben zugeführt wurden. Im Bild ein Wasserkraftwagen (Kfz. 94). Das Fahrzeug hatte einen Wasservorrat von 2700 l der von einer eingebauten Heizung erwärmt und zu den Entgiftungs-Duschen gepumpt werden konnte.

Bekleidungs-Entgiftungskraftwagen (Kfz. 93): mit Dampf und chemischen Mitteln sollte die Kleidung von Kampfstoffen befreit werden.

Mannschaft-Entgiftungskraftwagen (Kfz. 92 b), in dem mit Warmwasser und Chemikalien eine äußerliche Reinigung von betroffenen Personen erfolgen konnte – allzuviele durften es natürlich nicht auf einmal sein!

Ein Henschel Typ 33 mit geschlossenem Aufbau und geschlossener Kabine als Fernsprechbetriebskraftwagen (Kfz. 72). Gut zu erkennen die beiden Druckluftbehälter für die Bremsanlage unter dem Heck.

Tankspritze (Kfz. 343) einer Flugplatzfeuerwehr; am Löschrohr ein ziviler »Feuerwehrmann«. Das Fahrzeug, ein Henschel Typ 33 D1 (laut D 600), hatte einen Wasservorrat von 2500 l und 4 Mann Besatzung.

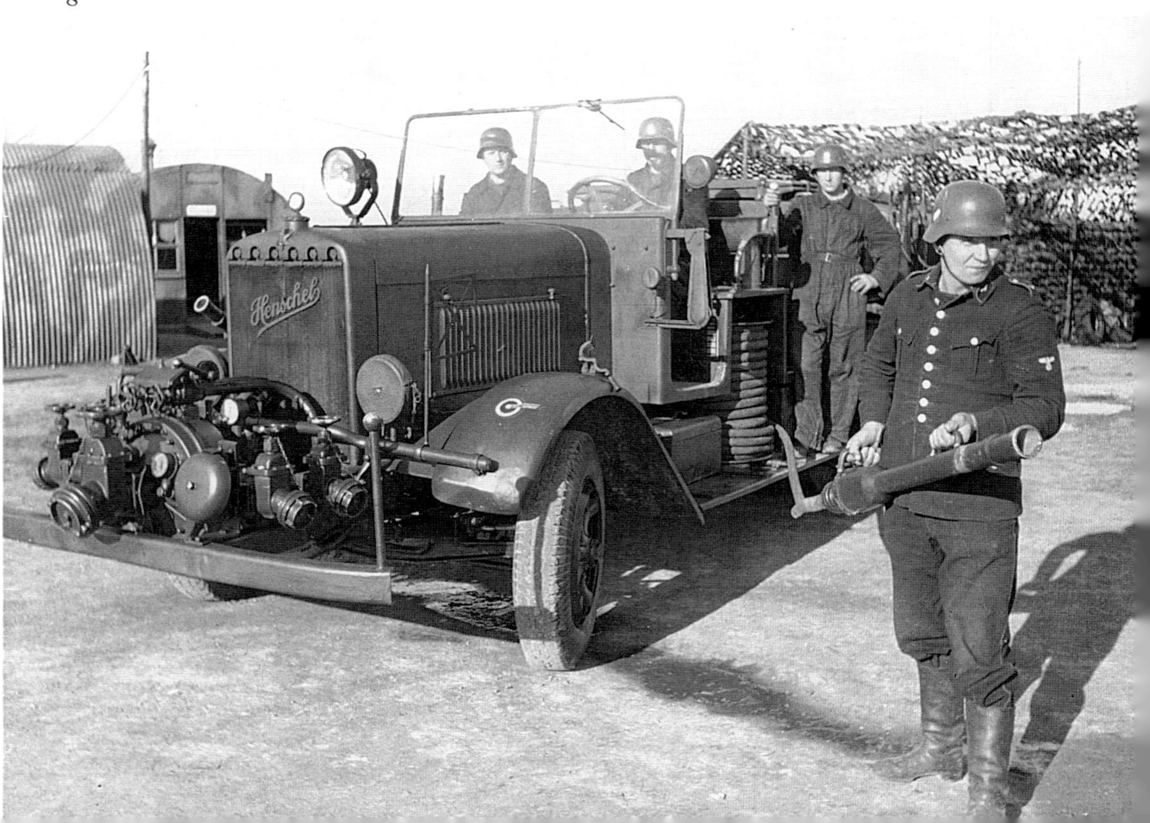

Klöckner-Humboldt-Deutz AG,
Werk Ulm (Magirus)

Magirus fertigte bereits während des Ersten Weltkrieges Heeres-Lastkraftwagen. Im Jahr 1935 wurde die Firma in das Klöckner-Humboldt-Deutz-Unternehmen eingegliedert: KHD baute Dieselmotoren und Schlepper, Magirus Lastkraftwagen.
Die wichtigsten Fahrzeuge für die Wehrmacht waren der Typ M 206 (1150 Stück), der Einheits-Diesel (2500 Stück), der Typ 33 G1 (Lizenz Henschel, 3800 Stück) und die 3-Tonner in A- oder S-Ausführung, der in über 16.000 evtl. 20.000 Einheiten gebaut wurden. Dazu kamen noch 1750 Gleisketten-Lkw »Maultier«.
Ein Großteil der schweren Magirus-Typen wurde als Feuerlöschfahrzeuge entwickelt und gebaut.

Der Magirus 3-Tonner Typ M 30 (4x2) wurde von 1931 bis 1934 gebaut und hatte einen 6-Zyl.-Benzinmotor, 4,5 l Hubraum und 70 PS. Im Bild der Nachrichtenwerkstattkraftwagen einer Bremer Einheit im Frühjahr 1940.

Der dreiachsige Magirus M 206 (6x4) hatte denselben Magirus S 88-Motor wie der Typ M 30 und wurde von 1934-37 gebaut. Als l.gl.Lkw. (o) kam er mit verschiedenen Aufbauten zur Truppe, hier der Funkkraftwagen (Kfz. 61) einer Stuttgarter Nachrichteneinheit.

Eine Nachschubkolonne der Panzergruppe 1 (von Kleist) furtet 1941 in Tscherkassy durch den Dnjepr. Vorne ein eingezogener Magirus 3-Tonner (M 25/M 27/M 30), wie er um 1935 gebaut wurde.

Ein Magirus M 206 als l.gl.Lkw. (o). Ungewöhnlich sind hier die waagrechten Kühlerschlitze.

Obwohl der Magirus 3-Tonner zwischen 1941 und 43 in größeren Stückzahlen für die Truppe gefertigt wurde, liegen wenig Einsatzfotos dieses Typs vor. Das Fahrzeug gab es sowohl in A-wie in S-Ausführung (im Bild), jeweils mit Humboldt-Deutz Dieselmotor (Typ F 4 M 513, 4 Zyl., 4,9 l, 80 PS). Die genaue Bezeichnung lt. D 666/8 vom 28.1.1943 lautete »Lastkraftwagen 3 t Magirus Baumuster Klöckner S 3000/A3000«.

Magirus 3-Tonner (S 3000 bzw. A 3000) im Schlepp eines leichten Zugkraftwagens 1 t mit auffallend großer Überplanung, wahrscheinlich eine Selbstfahrlafette (Sd.Kfz. 10/4) mit 2 cm Flak. (BA)

Von 1942-44 wurde auf Basis des Magirus Baumuster S 3000 ein Gleisketten-Lkw »Maultier« gebaut. Die Typenbezeichnung lt. D 666/407 (15.2.43) lautete »Lkw 3 t mit Gleiskette (Maultier) Klöckner-Humboldt-Deutz A.G. Werk Ulm Baumuster S 3000/SSM«. Das Bild wurde im Winter 1943/44 im Bereich der 11. Pz.Div. aufgenommen. Am Kühler, neben dem linken Scheinwerfer, erkennt man den Warmwasserkasten mit Verschlußdeckel: hier konnte mit der Lötlampe das Kühlwasser angewärmt werden (Winterbaukasten Nr. 180).

Kraftomnibusse der 7.I.D. in Polen: ein Mercedes, ein MAN und ein Magirus 3-Tonner mit Firmenzeichen auf dem Kühlerverschluß.

Kraftomnibus auf Fahrgestell des Magirus 3-Tonners.

Der Magirus S 4500 (125 PS Diesel) wurde nur in ca. 600 Exemplaren gefertigt.

Im Jahr 1941 wurden vom Reichsbahn-Ausbesserungswerk Opladen 40 Magirus L 365 6,5-Tonner (Deutz-Diesel-Motor, 6 Zyl., 13,5 l, 145 PS) zu Schienenlastwagen umgebaut. (BA)

Technischer Halt einer Kolonne des NSKK, die einheitlich mit Magirus M 165 6,5-Tonnen ausgerüstet ist. Aufschrift: NSKK Transportstandarte Speer, Achtung Kolonne. (BA)

Fried. Krupp AG, Essen

Die »Abt. Kraftwagenfabrik« stellte im Jahr 1919 den ersten, selbstentworfenen Lkw, einen 5-Tonner, her. Bis zum Kriegsbeginn fertigte Krupp eine Vielzahl von leistungsfähigen Wagen, hauptsächlich mit luftgekühlten Motoren aus eigener Fertigung.
Für den Truppengebrauch wurden speziell der 1,5-Tonner (Krupp-Protze) und der 3-Tonner (L 3 H 63/163) entwickelt.
Der Typenschlüssel für Krupp-Lkw am Beispiel des LD 2 H 142:
L = Lastwagen
D = Dieselmotor
2 = Nutzlast (t)
H = Hochrahmen
1 = 1. Modifizierung
4 = Vierzylinder
2 = Zweiachser

Der Urvater des Krupp 1,5-Tonners (6x4) war der »leichte Geländewagen mit luftgekühltem 60-PS-Vergasermotor (L 2 H 43) bzw. 50-PS-Dieselmotor (LD 2 H 43)«, dessen Motorhaube noch nicht die typische, abgeschrägte Form hatte.

Protzkraftwagen (Kfz. 69) Krupp L 2 H 43 bei einer Winterübung. Die Ausführung 143 hatte u.a. längere Stoßfänger wie die Ausführung 43 und eine von 55 auf 60 PS gesteigerte Motorleistung (Motor Krupp M 304, 4 Zyl., Benzin, 3,3 l).

Krupp L 2 H 143 als Mannschafts-Kraftwagen (Kfz. 70) des MG.Btl. 6, Coburg. Beim vordersten Fahrzeug erkennt man einige technische Abweichungen gegenüber den anderen Wagen: höhere Lage der Wagenwinde und des Suchscheinwerfers, veränderte Anbringung der Fahrtrichtungsanzeiger, zusätzliche Windabweiser und größerer Abstand zwischen Windschutzscheibe und Motorhaube.

Flandern 1940: Ein »leichter Scheinwerferkraftwagen I (Kfz. 83) mit Fahrgestell des l.gl. Lkw. (o)«, ein Krupp L 2 H 143. Auf der Ladefläche erkennt man den 8 kW Stromerzeuger für den angehängten Flakscheinwerfer 60 cm. Beachte die asymmetrische Zylinderabdeckung des luftgekühlten Boxermotors, zwischen Haube und Kotflügel. Das Fahrzeug gehörte zum Regiment »General Göring«.

Als »Manöverpanzer« hergerichteter Krupp L 2 H 43 einer Stuttgarter Einheit.

Zwei Mannschaftskraftwagen (Kfz. 70) Krupp L 2 H 143 mit gewissen Detailunterschieden (Windschutzscheibe, Bordwand usw.), wie der aufmerksame Betrachter erkennen kann.

Der Krupp'sche 1,5-Tonner wurde überwiegend als Protzkraftwagen zum Ziehen der 3,7 cm-Pak eingesetzt. Daher die geläufige Bezeichnung »Krupp-Protze« für diese Fahrzeuge. Im Bild ein »Protzkraftwagen (Kfz. 69) mit Fahrgestell des l.gl. Lkw. (o)« beim Überqueren eines Bahndammes in Polen 1939. (BA)

Ein Krupp L 2 H 143 als Protzkraftwagen (Kfz. 69) auf der Rampe einer Pionierbrücke in Frankreich 1940. Beachte die bei einigen Einheiten zusätzlich angebrachte Sperrdraht-Halterung, auf der man auch gut ein »erbeutetes« Fahrrad transportieren konnte. (BA)

Panzerschlacht bei Juvigny 6./7.6.1940: Die Krupp-Protze der Gebirgs-Panzerjäger-Abteilung 44 (1. Geb. Div.) mit der kleinen 3,7 cm-Pak bleibt noch in Bereitstellung, während ein 8-Tonnen-Zugkraftwagen in donnernder Fahrt eine 8,8 cm-Flak zur Panzerabwehr nach vorne bringt. Der Größenunterschied ist wahrlich frappierend!

Truppenumbau eines Protzkraftwagens mit fest aufgebauter 3,7 cm-Pak der Geb.Pz.Jäg.Abt. 44, am Marneufer bei Chateau Tierry am 12.6.1940. Beachte die Formstahlkonstruktion mit der darauf verzurrten Radnabe, dem seitlich verwahrten Holm und die Anbringung der Pak-Räder am Heck.

Im Frühjahr 1941 wurden bei der Geb.Pz.Jäg.Abt. 44 einige Krupp L 2 H 43 mit fest aufgebauter, voll drehbarer 3,7 cm-Pak versehen.

Unter Leitung von Lt. Kaiser wurden zwei Krupp-Protzen (Sf.) der Geb.Pz.Jäg.Abt. 44 mit einer 8 mm-Frontpanzerung (Fabr. Skoda) versehen und, wie das Bild zeigt, am Anfang des Rußlandkrieges erfolgreich eingesetzt. Man erkennt den Kasten mit Bereitschaftsmunition am Schutzschild und die zwei Sitze für die Geschützbedienung am Heck. Beide »Sturmgeschütze« wurden im Herbst 1941 durch russische Pak abgeschossen.

»Mittlerer gl. Lkw. (o)«, Krupp L 3 H 163, der 5. SS-Panzer-Division »Wiking« auf der Donaubrücke bei Nikopol (Bulgarien). Der 3-Tonner (6x4) hatte einen 6-Zyl. Vergasermotor, 7,5 l, 110 PS. (BA)

An der polnisch-russischen Grenze am 13.6.41: Ein Krupp L 3 H 163 der 5./Eis.Pi.Rgt. 3 mit breitem Schutzschild für ein MG 34 auf der Ladefläche.

Krupp L 3 H 163 einer unbekannten Luftwaffeneinheit als »m.gl.Lkw. offen (o)« mit einem (unüblichen) geschlossenen Führerhaus.

Diesem Krupp L 3 H 163 sind, nach einem Unfall 1941 im Raum Smolensk, nur noch 2 Kühlerelemente in der ramponierten »Schnauze« verblieben. Ein Fahrzeug des A.R. 29 (mot.), das, wie bei dieser Einheit üblich, nicht den Falken der 29. I.D. (mot.), sondern ein großes Karo am linken Kotflügel führte. Der zusammenfaltbare Eimer aus Segeltuch gehörte zur Bordausstattung.

Ein Krupp L 3 H 163 im Fahrschulgelände von Grafenwöhr im März 1937. Beachtenswert die Krupp-Aufschrift auf dem Kühlerüberzug, das »Hirschgeweih« vor dem Kühler und die Halterungen für Fernsprechkabel auf den Kotflügeln. Das »F« deutet auf einen Fernsprechkraftwagen hin.

Ein interessantes Fahrzeug der Nebeltruppe: Krupp L 3 H 163 mit Doppelkabine zum Transport des 10 cm Nebelwerfers 35 und der Bedienung, die aus dem Werferführer und sechs Mann bestand (WH-101 232).

Krupp L 3 H 63 als Flakmeßtruppkraftwagen I (Kfz. 74) mit Fahrgestell des m.gl.Lkw. (o). Das Fahrzeug war für 12 Mann Besatzung, 1 Begleiter u. 1 Fahrer ausgelegt. Im Unterschied zur Ausführung 163, hatte die gezeigte Ausf. 63 Lüftungsschlitze, statt Klappen auf der Motorhaube.

Krupp L 3 H 163 mit Kofferaufbau als Bildkraftwagen (Kfz. 354) bei der Luftwaffe.

Krupp L 3 H 163 mit Landebahnscheinwerfer der Siemens-Schuckert-Werke und eingebautem Stromerzeuger.

Zum Operationswagen ausgebauter Krupp L 3 H 163 der 1. San.Kp. des Panzerkorps »Großdeutschland« während des Rückzugs zum Dnjestr im Feb./März 1944.

Ein eingezogener Krupp LD 3,5 M 222 mit Dieselmotor M 402 (60 PS) bzw. ein Krupp L 3,5 M 242 mit Vergasermotor M 202 (75 PS).

Ein Krupp 2- oder 3-Tonner mit dem Kennzeichen von Westfalen. Krupp hatte eine enorme Typenvielfalt, so daß eine genaue Zuordnung oft nicht möglich ist.

Transport von Zug- und Tragtieren der 1. Geb.Div. auf einem Krupp LD 6,5 N 242 mit 125-PS-Dieselmotor (Lizenz Junkers) des Kw.Tr.Rgt. 616 nach Lyon am 23.6.40. Rechts ein Phänomen »Granit« in der seltenen Ausführung als Kübelwagen.

Dieser Krupp-Omnibus OD 4 N 232 wurde im August 1944 in Brüssel zusammengeschossen. Das Fahrzeug hatte einen 90-PS-Dieselmotor, ein Lizenzbau der Junkers-Werke, deshalb das Abzeichen des »fliegenden Menschen« über den Krupp-Ringen.

Maschinenfabrik Augsburg-Nürnberg AG (MAN), Nürnberg

Die Firma MAN begann die Lastwagenfertigung im Jahre 1915 mit dem Lizenzbau von Saurer-Fahrzeugen.
Die wichtigsten Typen für die Wehrmacht waren. —1. der 3-Tonner Typ E 3000 (Nachbau bei Fross-Büssing, Wien), von dem ca. 3000 Stück gebaut wurden. —2. der 4,5-Tonner Typ ML 4500 in S- und A-Ausführung (Lizenzbau bei ÖAF, Wien), von dem es ca. 10.000 Einheiten gab. —3. der 6,5-Tonner Typ F4 (Lizenzbau bei Fross-Büssing) mit 2500 Einheiten. —4. der Einheits-Diesel, mit 1800 Stück.

Reklame für den MAN Typ ML 4500 S. Der 4,5-Tonner war bei der Truppe recht beliebt, insbesondere der allradgetriebene ML 4500 A. Das Fahrzeug hatte einen MAN-Dieselmotor Typ D 1040 G, 6-Zyl., 7,9 l, 110 PS und wurde von 1940 bis nach Kriegsende gebaut.

Werksaufnahme des s.Lkw. (o) MAN Typ ML 4500 A aus dem Jahre 1941. Das Kennzeichen steht für Nürnberg, der rote Winkel auf dem Nummernschild war der begehrte Zulassungsnachweis für Zivilfahrzeuge.

Festgefahrener Betriebsstoffwagen einer SS-Panzereinheit in der Ukraine, ein MAN Typ ML 4500.

München, Herbst 1945: Die Endausführung des MAN Typ ML 4500 A sah noch ganz passabel aus, im Vergleich zu manch' anderem Fabrikat.

Ein MAN Typ ML 4500 S kämpft sich durch den Schlamm (28.4.42). Die S-Ausführung erkennt man am fehlenden Ausgleichsgetriebe (vorn), Vertiefung in der Mitte der Vorderfelge und den unterschiedlich langen Luftschlitzen, die man hier unterhalb des Spatens sieht. (BA)

»Schwerstlastwagen« hieß der MAN Typ F 4 in der Firmenreklame. Unter der wuchtigen Motorhaube verbargen sich entweder ein 6-Zyl.-Diesel mit 13,3 l Hubraum und 150 PS oder 12,2 l Hubraum und 120 PS. Die Nutzlast betrug 6,5 bis 8,0 t. Im Bild das (eingezogene) Nachschubfahrzeug einer unterstellten Division vor dem Armee-Verpflegungs-Lager Heinsberg bei Wesel am 23.2.40. (BA)

»Räder müssen rollen für den Sieg«: Nach dieser Propaganda-Parole wurde sogar noch dieser alte 3-Tonner MAN Typ Z (6-Zyl.-Diesel, 60 PS) von der 1. Geb. Div. Richtung Uman in Marsch gesetzt.

Der MAN 3-Tonner Typ E 3000 (4x2, 6-Zyl.-Diesel, 70 PS) wurde nur in kleinen Stückzahlen gebaut.

Eingezogener m.Lkw. (o) MAN Typ E 3000 einer Nachrichteneinheit.

»Der Schongauer« in Polen 1939. Dieser Kraftomnibus (Kom.) auf Fahrgestell des MAN Typ E 2 erhielt bei der 57. I.D. einen recht farbenfrohen Tarnanstrich.

Adam Opel AG, Rüsselsheim und Brandenburg

Die Opel-Werke nahmen 1919 die Lkw-Fertigung auf und produzierten im 1. Weltkrieg 3-und 4-Tonner. Nach wirtschaftlichen Schwierigkeiten in den zwanziger Jahren, erwarb die General Motors Corporation 1928/31 das gesamte Aktienkapital der Fa. Opel. Ab 1931 begann nach amerikanischen Maßstäben die Fertigung der Opel-Blitz-Lastwagen von 1,5 -3,0 t Nutzlast. Vorteil dieser Fahrzeuge war eine hohe Nutzlast bei geringem Eigengewicht, eine solide Verarbeitung und ein bewährter Buick-Motor.
Der handelsübliche Blitz-S wurde in über 95.000 Einheiten gebaut und war als geländefähig eingestuft. Als geländegängige Version erschien 1940 der Blitz-A mit Allradantrieb, der in 25.000 Exemplaren zur größten Zufriedenheit der Truppe gebaut wurde. 3500 Blitz-Lkw wurden bei Daimler-Benz in Lizenz gebaut. Zu dem vorgesehenen Nachbau bei Borgward ist es wegen der Kriegslage nicht mehr gekommen. Vom Gleisketten-Lkw »Maultier« wurden ca. 4000 Fahrzeuge ausgeliefert.

Opel Blitz 2,5-Tonner (bis 1935 gebaut) bei der Legion Condor als Krankenkraftwagen.

Sanitätskraftwagen der Luftwaffe auf Fahrgestell des Opel Blitz 1,5-Tonners. Doppelte Hinterräder wie bei dem gezeigten Fahrzeug waren bei Sankas eigentlich nicht üblich.

Ein etwas altmodischer Opel Typ 10/45 Baujahr 1930 (1,5 t Nutzlast, 45 PS-Benzinmotor) als leichter Lastkraftwagen einer Sanitätseinheit (evtl. Technische Nothilfe).

»Sturmgeschütz neuer Art«: ein Opel Blitz 2,5-Tonner (Bj. ab 1935) mit verlasteter 3,7 cm-Pak (mit Gleitschutzketten) in einem Vorkriegs-Manöver.

Opel Blitz 1-Tonner als Protzkraftwagen für die 3,7 cm-Pak.

Der Opel Blitz 1-Tonner hatte einen 6-Zyl.-Benzinmotor, 2,0 l, 36 PS, und wurde ab 1934 gebaut. Hier ein eingezogenes Fahrzeug mit Kastenaufbau als Funkkraftwagen.

Das tragfähige Fahrgestell des Opel Blitz eignete sich auch hervorragend zum Aufbau von Omnibus-Karosserien. Hier ein Kom. der Luftwaffe auf Fahrgestell des Opel Blitz 2,5 t (Bj. 1935).

Opel Blitz 1,5-Tonner der Kraftfahrabteilung Wilhelmshaven als Mannschaftskraftwagen im August 1940.

Der bekannteste deutsche Lkw war sicherlich der 1937 erschienene 3-Tonner (4x2) »Opel Blitz 3,6-36 S«. Das Fahrzeug hatte einen Opel-Vergasermotor, 6 Zyl. (Reihe), 3,6 l Hubraum, 75 PS (auf 68 PS gedrosselt) und wurde bis August 1944 gebaut.
Im Juli 1940 erschien dann auch eine allradgetriebene Ausführung des 3-Tonners, der sich wegen seiner Geländegängigkeit, Zuverlässigkeit und vor allem der hervorragend organisierten Ersatzteilversorgung bei der Truppe größter Beliebtheit erfreute. Dieser »Lkw 3 t Opel 6700 Typ A« hatte den gleichen Motor wie die S-Ausführung und alle wesentlichen Bauteile waren untereinander austauschbar.
Lt. D 666/5 (1.7.42) gab es folgende Standardaufbauten:
1.) 600 mm hoher Wagenkasten mit Quersitzen und Aufsteckbrettern
2.) Offener Radkasten mit zwei fest eingebauten Längssitzbänken
3.) Geschlossener Radkastenaufbau
Die S-Ausführung (oberes Bild) des Opel Blitz ist u.a. an folgenden Merkmalen von der A-Ausführung (unteres Bild) zu unterscheiden:
1.) Vorderes Ausgleichsgetriebe beim A-Typ.
2.) Gerade Unterkante des oberen Seitenblechs der Motorhaube beim A-Typ
3.) Verminderter Abstand zwischen vorderem Kotflügel und Türe beim A-Typ.
4.) Unterschiedliche Vorderrad-Felge.

Südrußland Sommer 1942: Ein Opel Blitz 3 t Ausf. S mit unüblichem Fahrerhaus und dem taktischen Zeichen eines Feldlazaretts (mot.), gefolgt von einem Chevrolet 1,5-Tonner, Baujahr 1940, einem Chevrolet-Pkw, Baujahr 1938 und einem Peugeot 2-Tonner Typ DMA. (BA)

Dieser Opel Blitz 3 t Ausf. S — offensichtlich ein Werkstattwagen mit verlängerter Ladefläche und »Dackelbauch« für Werkzeug und Zubehör — ist sicher nicht mehr als geländefähig einzustufen. Auf der Plane ein sog. Knüppelteppich, wie er von der Truppe aus Draht und Holz angefertigt wurde.

Ein Opel Blitz 3 t Ausf. S des Landungs Pi.Btl. 86 im Raum Strumica/Strip, Herbst 1944. Eine späte Ausführung mit entfeinertem Kühlergrill, den kleinen Scheinwerfern der letzten Kriegsjahre, vereinfachtem Trittbrett, fehlenden hinteren Kotflügeln und fehlendem Anhänger-Dreieckzeichen.

Der Opel Blitz 3 t Ausf.S war zwar sehr vielseitig, aber schwimmfähig war er natürlich nicht!

Pioniere des Pi.Btl. 18 (mot.) richten am 22.6.1941 Wege und Stege, für den Angriff über den Njemen bei Merkine, her. Die 18. I.D. (mot.) war hauptsächlich mit französischen Lkw ausgerüstet worden und hatte nur wenige Opel Blitz 3 t (hier Ausf.S mit hohem Wagenkasten) im Einsatz. Der Krad-Melder trägt ein Armband mit dem Zeichen der 18.I.D. (mot.) und der Aufschrift »Verkehrsaufsicht«.

Opel Blitz 3 t Ausf. S beim KG 77 im Herbst 1939 in Ostpreußen. Das Geschwader war zu dieser Zeit schon mit der Do 17 Z ausgerüstet.

Bahntransport eines Opel Blitz 3 t Ausf.S mit sorgfältig festgelegten Rädern und Drahtverzurrung. Die »Kameraden der Luftwaffe« tragen bequeme Hausschuhe über ihren attraktiven Wehrmachtssocken. Beachte Schlitzauslässe der Hauptscheinwerfer — der Tarnscheinwerfer fehlt. Beim zweiten Fahrzeug könnte es sich um einen englischen Commer handeln.

Werkstattzug der Kraftfahrabteilung Wilhelmshaven, ausgerüstet mit Opel Blitz 3-Tonner.

Peenemünde, Prüfstand I, 1.8.43: Startvorbereitungen an einer Fernrakete A 4 (V-2). Laut »Vorläufe Vorschrift (geheim) Spezialfahrzeuge, Baugruppen und wesentliche Bauteile der Bodenanlage FR (ohne Datum)« erhielten die Kfz. u. Anhänger der Raketenbatterien keine Kfz.-, Sd.Kfz.- u. Ah.-Nr. mehr, sondern »Fahrzeug-Pos.-Nummern«. Die Rakete steht auf der »Abschußplattform« (Fz.-Pos.-Nr. 103), aufgerichtet vom »F.R. Anhänger (s) (3 achs.) (Fz.-Pos.-Nr. 102)«, rechts hinten »A-Stoff-Anhänger 6 (2 achs.) (Fz.-Pos.-Nr. 402)« gezogen von einem Hanomag SS 100. Vorne links Opel Blitz 3 t Ausf.S mit offenem Fahrerhaus (bei Tankwagen üblich) als »Kessel-Kw. 3500 l B-Stoff (Fz.-Pos.-Nr. 404)«, rechts ein Opel Blitz 3 t Ausf. A als »Kessel-Kw. 2100 l T-Stoff (Fz.-Pos.-Nr. 405)«.

Es spricht für die Zuverlässigkeit des Opel Blitz, daß man die F.R.-Batterien fast ausschließlich mit diesem Fahrzeug ausrüstete. Opel Blitz 3 t Ausf. S als »Kessel-Kw. 2100 l T-Stoff (Fz.-Pos.-Nr. 405)«. »T-Stoff« steht für Wasserstoff-Superoxyd. (Foto Deutsches Museum, München)
–1 Tür zum Geräteraum, –2 Vordere und hintere Motorwagenverkleidung, –3 Haltepratzen, –4 T-Stoffbehälter, –5 Schutzkappe des Tankdeckels, –6 Tankhalter, –7 Zweiflügelige Tür, –8 Anhänger-Kupplung, –9 Handflügelpumpe für den Wasserbehälter, –10 Anschlußkrümmer, –11 Schalthebel, –12 Wasser-Überlaufrohr.

Opel Blitz 3 t Ausf. S als »Kessel-Kw. 3500 l B-Stoff (Fz.-Pos.-Nr. 404)«. B-Stoff bedeutet Spiritus-Wasser-Gemisch. Beachte demontierte Hinterräder, kleine Scheinwerfer und Pfeil als Hinweis auf die eingebaute Wintereinrichtung. (Foto Deutsches Museum, München).
1. Werkzeugkästen
2. Armaturenraum (Pumpen, Schläuche)
3. Halterung für die Tarnung
4. Rohrleiter
5. Mannlochdeckel mit Einhängearmaturen.

Opel Blitz 3 t Ausf. A als »Lkw. 3 t geschl. (305) BS-Anlage 2« zur Überwachung und Steuerung des Brennschlußes der V-2. Die Bezeichnung »305« stammt vom Kfz. 305 (m.Lkw.(o) mit geschlossenem Einheitsaufbau). (Foto Deutsches Museum, München)

Opel Blitz 3 t Ausf. A als »Lkw 3 t geschl. (305) für Fernraketen-Ersatzteile«. (Foto Deutsches Museum, München)

Bahnverlasteter Küchenwagen mit Kofferaufbau, ein Opel Blitz 3 t Ausf. S mit russischem Küchenpersonal und einem Soldaten im umkehrbaren Winteranzug, wie er ab 1943 eingeführt wurde.

Opel baute ab Oktober 1942 auf Basis des Blitz Ausf. S ca. 4000 Gleisketten-Lkw 2 t »Maultier«, fast ausschließlich mit offenem Aufbau. Hier ein Foto des seltenen Opel »Maultier« mit geschlossenem Einheitsaufbau. Das Fahrzeug lief bei den FR-Batterien als »Lkw. 3 t geschl. (Maultier) LS-Geräte-Kw.«, wobei »LS« für Leitstrahl stand. Den Radausschnitt hatte man belassen und mit einer Klappe zum Stauraum für Zubehör umfunktioniert. Beachte die Erhöhung der zulässigen Nutzlast auf 3 t in den letzten Kriegsjahren! (Foto Deutsches Museum, München)
1. Erdungsanker
2. Kabeldurchlaß
3. Anschluß für Energiekabel

Phänomen, Zittau

Den ersten Lkw bauten die »Phänomen-Fahrradwerke Gustav Hiller AG« im Jahr 1931: einen 1,5-Tonner mit der Typenbezeichnung Granit 25. Auch während des Krieges fertigte das Werk ausschließlich leichte Lkw mit luftgekühlten Motoren die hauptsächlich als Krankenkraftwagen liefen.

»Krankenkraftwagen (Kfz. 31) mit Fahrgestell des l.Lkw. (o)« ein Lkw 1,5 t (4x2)Phänomen Typ Granit 25 H (Heer). Das gezeigte Fahrzeug des Krankenkraftwagenzuges 54 (1. Geb.Div.) erhielt 1942 vor Rostow einen Nahtreffer am Heck, der 2 Verwundete durch Splitter tötete. Beachte das seitlich offene Fahrerhaus der ersten Serie.

Phänomen Typ Granit 25 H als Kfz. 31 mit dem üblichen, geschlossenen Fahrerhaus. Der weiße Untergrund des Roten Kreuzes ist aus Tarnungsgründen wohlweislich übermalt.

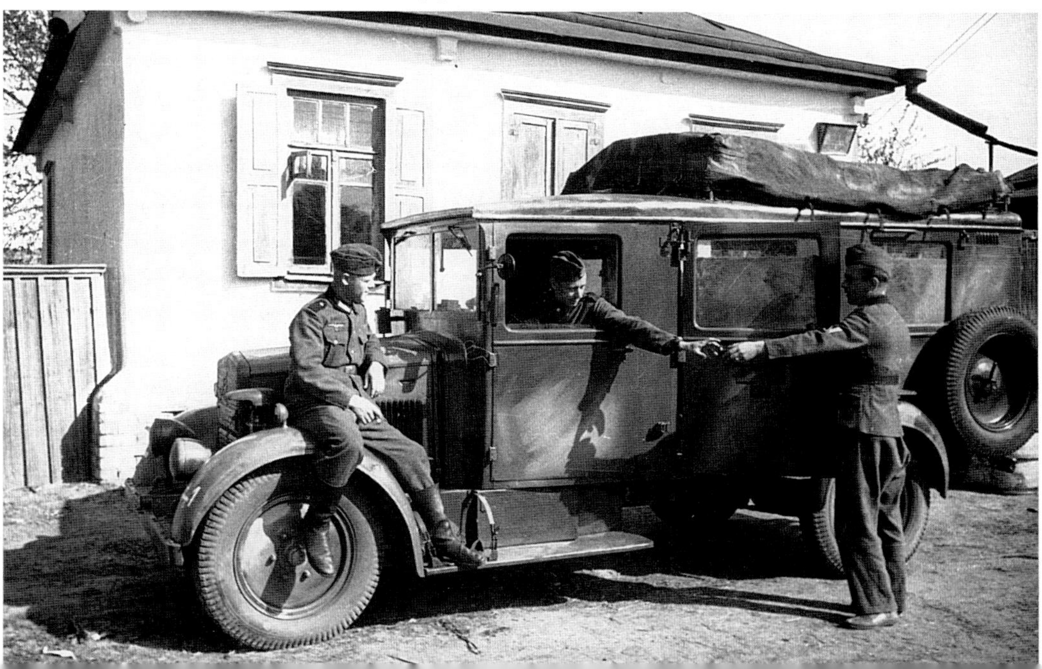

Krankenkraftwagen (Kfz. 31) Phänomen Typ Granit 25 H, mit dem takt. Zeichen eines Krankenkraftwagenzuges und dem Divisionsabzeichen der 61. I.D. (WH-12280). Das Fahrzeug hatte einen 4 Zyl.-Benzinmotor mit Gebläsekühlung, 2,5 l Hubraum und 37 PS Leistung.

Der Phänomen Typ Granit 25 H-Krankenkraftwagen hatte eine völlig unzureichende Heizung des Transportraums:hier war lediglich ein kleiner »Strahlungskörper« vorgesehen, durch den der Fahrer per Hebelzug Auspuffgase leiten konnte. Für russische Winter-Verhältnisse reichte dies natürlich nicht aus, insbesondere wenn die Fahrzeuge in Stauungen standen oder noch nicht warmgelaufen waren. Im Bild ein Fahrzeug der 3. SS-Panzer-Division »Totenkopf« im Raum südlich des Ilmensees (1941/42), bei dem man ein offenes Feuer unter dem Wagen entzündet hatte, um die Temperaturen für die Verwundeten etwas anzuheben.

Der Phänomen Typ Granit 30 hatte einen 55-PS-Motor und eine Nutzlast von 2,3 t. Es kamen nur wenige Exemplare zur Wehrmacht. Hier ein Krankenkraftwagen (Kfz. 31) der Luftwaffe beim Verladen von Medikamenten in eine Do 26.

Nachfolgemuster des Typs 25 H war ab 1940 der »Lkw. 1,5 t Phänomen Typ Granit 1500 S (im Bild) und A«, der in der DDR bis 1956 von der Fa. IFA gebaut wurde. Die Ausf. A, die recht selten war, ist an der größeren Schraubenzahl an der vorderen Felge und an einfachen Hinterrädern zu erkennen.

Phänomen Typ Granit 1500 S beim Rückzug der 1. Geb.Div. aus dem Kuban-Brückenkopf.

Das »Rote Kreuz« war für die Jabos in Ost und West keinerlei Hinderungsgrund für Tiefangriffe. Hier ein zusammengeschossener Sanka Phänomen Typ Granit 1500 S bei Arnheim 1944. (BA)

Vogtländische Maschinenfabrik AG (Vomag), Plauen

Die Vomag produzierte von 1915-1942 eine Vielzahl von Lkw-Kleinserien mit Nutzlasten von 3 bis 9 t. Spezielle Lkw für die Wehrmacht wurden nicht entwickelt, jedoch soll Vomag am Bau einer unbekannten Anzahl von »Einheits-Diesel« beteiligt gewesen sein.

Vomag-Lastkraftwagen-5 t-Typ 5L, mit Dieselmotor Vomag 4 R 3080, 4 Zyl., 9,5 l, 100 PS.

Vomag-Lastkraftwagen-6 t-Typ 6L, mit Dieselmotor Vomag 6 R 3080, 6 Zyl., 14,3 l, 150 PS. Der Einsatz der eingezogenen Vomag-Lkw erfolgte fast ausschließlich im Rahmen der Kraftwagen-Transport-Regimenter.

Bei der I.Abt./Flak Regiment 42 (mot. S.) kam ein interessantes Fahrzeug in etwa 20 Exemplaren zum Einsatz: Vomag-9-Tonner-Niederflurwagen (Omnibus-Fahrgestell) als Geschütz-, Meßgerät- oder Kommandogerätwagen. Im Bild ein Geschützwagen mit 8,8 cm-Flak im Juli 1941 bei Magdeburg.

Der gleiche Fahrzeugtyp bei der Verlegung in den Raum Brüssel im Frühjahr 1942.

Erbeutete Lastkraftwagen und Fertigungen besetzter Länder

Die deutschen Truppen erbeuteten, insbesondere in den Zeiten des Vormarsches, viele Tausende von Lastkraftwagen aller Herren Länder. Zahlen liegen hierüber leider nicht vor — zum einen weil die Unterlagen der Beutesammelstellen nicht mehr vorhanden sind, zum anderen, weil viele Einheiten ihre »wohlverdiente Beute« gar nicht offiziell meldeten. Während des Krieges produzierten die einschlägigen Fahrzeugwerke der besetzten Gebiete eine erhebliche Anzahl von Lastkraftwagen für die Wehrmacht. Verbindliche Produktionszahlen dieser Firmen werden, unnötigerweise auch heute noch, schamhaft unter Verschluß gehalten.
Laut Kriegstagebuch von Gen. Oberst Halder (Chef Gen.St.Heer) machte es die angespannte Lage bei der deutschen Kfz.-Industrie erforderlich, daß bei der Umstellung und Neuschaffung von »schnellen Verbänden« im April 1941 fast ausschließlich französisches Material zugewiesen werden mußte — und zwar bei der 20. P.D., sowie der 14., 18., 25. und 36. I.D. (mot.)
Ohne die vielen ausländischen Fahrzeuge wären die raumgreifenden deutschen Operationen des Zweiten Weltkrieges sicherlich unmöglich gewesen.

Der schwebende Motor CITROËN KÖLN

TATRA

RENAULT

Packard

Dieses Foto vom Bahntransport der 56. I.D. Richtung Kowel/Bug im Sommer 1941, zeigt deutlich das notgedrungene Typenwirrwarr vieler deutschen Verbänden: —GMC T16B (4x4), Bj. 1938, mit »Belgischer Armee-Kabine«; —Citroen 23; —Chevrolet; — Berliet; —Einheits-Diesel; —Henschel und etliche andere Fabrikate.

»Bäckereikompanie (mot.) in Versammlungsform angetreten«, Höxter, 12.3.1940: –Omnibusaufbau (Fa. Bauer) auf Fahrgestell des Austro-Fiat (ÖAF)3-Tonners; – Austro-Fiat (ÖAF)5-Tonner Typ FD6; – und mehrere Ford V8-51. (BA)

»Bäckereikompanie (mot.) auf dem Marsch (März 1940)«. Im Vordergrund ein Austro-Fiat (ÖAF)5-Tonner mit großem Feldkochherd 13, noch mit österreichischer Armee-Zulassungsnummer. (BA)

Eine Lkw.-Kolonne der Organisation Todt auf dem Marsch nach Belgien. Vorne ein »Österreichische-Automobil-Fabriks-AG. (ÖAF) vormals Austro-Fiat« 5-Tonner Typ FD6 mit 100-PS-Diesel-Motor (Lizenz MAN). Die Bezeichnung auf dem Schild bedeutet »Oberquartiermeister Belgien«.

Fahrzeuge der 1. Geb.Div. auf der Reichsautobahn bei München. Vorne ein Austro-Daimler ADGR (3-Tonner, 6x4, 72 PS), dahinter ein Ford V8-51.

Vom Steyr 640 (1,5-Tonner, 6x4, 55 PS) wurden bis 1941 ca. 3800 Einheiten gebaut, insbesondere mit Krankenwagenaufbau.

Rückverlegung von 1,5-Tonnern Steyr 640 des S.R. 73 aus Polen.

Der »Lastkraftwagen 1,5 t Steyr Baumuster 1500 A« war wegen seines Allrad-Antriebs, dem luftgekühlten V-8-Motor (85 PS) und seiner Robustheit bei der Truppe sehr beliebt. Es wurden ca. 19.000 Fahrzeuge, meist als Mannschaftskraftwagen (Kfz. 70) bei der Steyr-Daimler-Puch A.G., Steyr und der Auto Union A.G., Werk Siegmar, gebaut. Im Bild ein Baumuster 1500 A/01 (verdecktes Ersatzrad) des Fla.Btl. 22 am Südabschnitt 1942, gefolgt von »l.Zgkw. 1 t mit 2 cm Flak 38«.

Rückmarsch der 1.San.Kp. »GD« zum Bug im Frühjahr 1944. Im Bild ein Lkw. Steyr Baumuster 1500A/02 (offenes Ersatzrad), VW-Kübel und ein Büssing-NAG 4,5-Tonner.

Steyr Baumuster 1500 A als Halbgruppen-Kfz. eines Panzerjagdkommandos, das mit der »Panzerfaust klein 30« (Reichweite 30 m) ausgerüstet war. Beachte fehlende Kotflügel, hinten, und rechtwinklige Heckkante (vorher gerundet) der späteren Ausführungen.

Gegen Ende des Krieges wurde der Steyr 1500 A als 2-Tonner klassifiziert, ob die Bezeichnung (lt. englischen Quellen) nun Steyr 2000 A lautete, ist nicht belegt. Hier ein »Stromversorgungswagen auf Lkw. 2 t (Steyr), Fahrzeug -Pos.-Nr. 105« der Fernraketen-Truppe (WH-1586286) im August 1944. Das Fahrzeug verfügte über einen Drehstromgenerator 6 KVA mit Zündapp-Motor, Gleichstromumformer, Batterien, Schaltstation und 5 Kabeltrommeln. Es hatte die Aufgabe, den Strom für alle Prüfungen und Durchschalteversuche vor dem Schuß der V-2 zu liefern, damit die »Bordbatterie des Sondergeräts« nicht geschwächt wurde. In der Schaltstation liefen alle Schalt- und Prüfvorgänge zusammen. Anhängelast war ein Kabeltrommelanhänger (Fahrzeug-Pos.-Nr. 110) mit 8 Kabeltrommeln. 1 = Lager für Anwurfkurbel Generator-Antriebsmotor, 2 = Rad für Kabelverlegewagen. (Foto Deutsches Museum, München)

Der tschechische Skoda H (6x4) hatte eine Nutzlast von 4 t und einen 6-Zyl.-Otto-Motor mit 100 PS aus 8,2 l Hubraum, Diesen Skoda (oben noch mit tschechischer Zulassungsnummer) fuhr Georg Birkmeyer im Frankreichfeldzug bei der 212. I.D. (Werkstattkomp.) als Werkzeugausgabewagen. An der Türe die Aufschrift Z 2 und ein Schäfer mit 2 Schafen (blau) als Hinweis auf den Komp.Führer Olt. Schäfer.

Kraftvoll nimmt dieser Skoda H eine Steigung hinter Rossosch (Dongebiet). Es handelt sich wahrscheinlich um Fahrzeuge der 3. Pz.Div. während der »Operation Blau«, 28.6. bis 4.7.42.

Skoda H in Belgien 1940.

Dieser Tatra T 27 (3-Tonner, 4x2, 60 PS) war während des Krieges beim Fuhrpark des Weser-Flugzeugbau GmbH eingesetzt.

Vom Tatra T 85 (5-Tonner, 6x4, 80 PS) wurden mindestens 220 Einheiten als Betriebsstoffkesselkraftwagen gebaut und hauptsächlich bei der Luftwaffe eingesetzt. Hier ein Kfz. 384 an einer Fw 190 des I./JG 54.

Reklame vom Mai 1942 für den 6,5-Tonner Tatra T 81 H (6x4, V-8-Motor, 14,7 l), der mit seinem Holzgasantrieb noch ca. 150 PS leistete.

Luftwaffen-Kolonne mit drei Tatra T 92 (2-Tonner, 6x4, 70 PS) und einem Tatra T 23.

»Wer seinen Wagen liebt, der schiebt«. Dieses Titelbild der NSKK-Zeitschrift »Deutsche Kraftfahrt« vom Oktober 1942 zeigt einen Tatra T 27 der Organisation Todt mit ziviler Zulassung.

RAD-Arbeiter beim Flottmachen zweier Praga RN (3-Tonner, 4x2, 75 PS). Dieser Typ wurde von 1934 bis 1953 gebaut, was für seine Qualität spricht. Beachte RAD-Zulassungskennzeichen, das in den offiziellen Listen nicht aufgeführt ist.

Dünkirchen war im Juni 1940 eine Fundgrube von qualitativ hochwertigen, englischen Beutefahrzeugen.

So sah es auf den Straßen bei Dünkirchen aus: englische und französische Fahrzeuge aller Art und in jeder Erhaltungsstufe. Das »Technische NSKK-Bataillon« barg nach damaligen Berichten, im Abschnitt Dünkirchen 6500 Kfz. und konnte davon 4500 Einheiten wieder in betriebsbereiten Zustand versetzen. Der Rest wurde ausgeschlachtet bzw. dem »Heeresverschrottungskommando« zugeleitet. Besondere Erwähnung fand in diesem Zusammenhang die »NSKK Transportstandarte Todt Staffel Dünkirchen«. Im Bild ein Morris-Commercial CD (6x4) neben einer Somua-Halbkette.

Ein erbeuteter Albion BY 1 (3-Tonner, 6x4, 64 PS) wird von der Kraftfahrabteilung Wilhelmshaven in Besitz genommen.

Albion BY 1 bei der 5. Staffel JG 52.

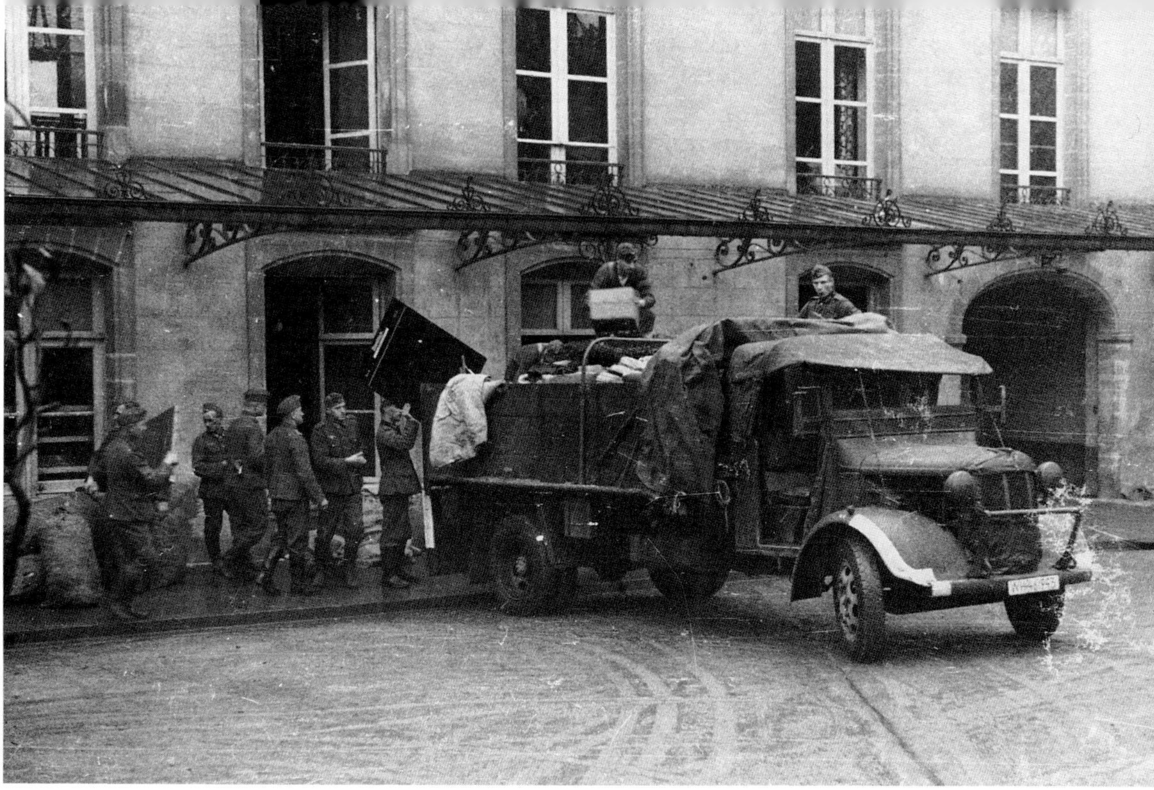

Vom Austin K 3 (3-Tonner, 4x2, 60 PS) wurden von 1939-1945 ca. 17.000 Einheiten hergestellt. Im Bild ein Fahrzeug der 216. I.D. in Kowno.

Verlegung des neuaufgestellten A.R. 29 (mot.) von Frankreich nach Italien im Juni 1943. In Bildmitte ein Austin K 3.

Vom Austin K 30 (2-Tonner, 4x2, 60 PS) wurden 4600 Stück gebaut. Hier ein ausgebrannter Krankenkraftwagen der 1. Geb.Div.; man erkennt noch deutlich die Halterungen für die Krankentragen.

Vom I.R. 398 bei Dünkirchen erbeuteter Bedford OXD (2-Tonner, 4x2, 72 PS).

Eine O.T.-Einheit würgt sich (Frühjahr 1943, Raum Minsk), im Schleppzug durch weißrussisches Gelände. Zugmaschine ist ein STZ-5, gefolgt von einem GAZ-AAA, an diesem ein Bedford MWD und ein Opel Super-6. (BA)

Während des Krieges stellte Vauxhall Motors die beträchtliche Anzahl von 66.000 Stück des Musters Bedford MWD (0,8-Tonner, 4x2, 72 PS) her. Im Bild ein Beutewagen der Luftwaffe; im Hintergrund ein Bedford OYD 3-Tonner.

Bedford MWD mit interessantem Aufbau, über den leider keine Angaben vorliegen.

Zwei Bedford MWD der Geb.Pz.Jg.Abt. 44 mit Tarnscheinwerfer in Cilli/Jugoslawien. Hier begann 1945 der »Todesmarsch von Cilli«, dem hunderte von deutschen Gefangenen zum Opfer fielen.

Zymlianskaja, August 1942: In der wasserarmen Donsteppe war dieser Trinkwasserkesselkraftwagen von unschätzbarem Wert. Aufgenommen wurde dieser Bedford MW »water bowser« von einer Einheit mit der Bezeichnung 3./805 (Schweinfurt).

Der Bedford OYD (4x2, 72 PS) war mit 72.000 Einheiten der meistgebaute 3-Tonner Englands. Im Bild ein frühes Modell (mit doppelten Hinterrädern) mit MG 34 auf Dreifuß 34, bei der Bewachung belgischer Kriegsgefangener. Das Foto stammt aus einem Album der N.A. 27.

Ein Crossley JGL 8 (3-Tonner, 6x4, 75 PS) mit Kranaufbau beim JG 2 an der Kanalküste während der Luftschlacht um England.

Trotz schwieriger Ersatzteilbeschaffung lief dieser Morris-Commercial CVS 11/40 im Herbst 1943 immer noch — sicherlich ein Zeichen von guter englischer Qualität und findigen deutschen Kfz.-Mechanikern (Raum Kiew).

Gebrauchtwagenschau in Dünkirchen 1940. Rechts: Guy PE (3-Tonner, 4x2, 55 PS), mitte: Morris-Commercial 15-cwt, links: Latil (?).

Ein schwerbewaffneter Morris-Commercial 15-cwt (0,8-Tonner, 4x2, 60 PS) der 35.I.D. beim Aufwirbeln von Propaganda-Staub. (BA)

Die Aufschrift des Schildes (links) an der Wehrmachts-Tankstelle Veurne (NW-Belgien) lautete: »Heerestankstelle Veurne. Es ist verboten ohne 1.) gültigen Fahrbefehl, 2.) Fahrtennachweis, 3.) Zulassungsbescheinigung, zu tanken. Dies muß im Fahrtennachweis eingetragen werden. Der Ortskommandant.« Im Bild wird gerade ein Morris-Commercial 15-cwt Betriebsstoff-Kesselwagen (WH-558644) aufgefüllt.

Am 10. und 11.6.42 hatte die 3./Pi.Btl. 659 (mot.) den Auftrag, gemeinsam mit der Pz.Abt. 202 (franz. Beutepanzer) an der Straße von Bosanski Novi nach Prijedor (Bosnien) 24 von Partisanen verteidigte Sperren zu räumen. Hier ein Morris-Commercial 15-cwt dieser Einheit auf der Fahrt entlang der Sana.

Gebirgsjäger in Nordafrika! Eigentlich war der Sonderverband 288 auserkoren, im Rahmen des »Orientkorps« in den Gebirgen des Vorderen Orients zu kämpfen und den Suez-Kanal vom Osten her in die Zange zu nehmen. Dazu kam es nicht, und so wurden diese Gebirgsjäger dem »Sperrverband Daumiller« zugeteilt, der die Aufgabe hatte, die offene rechte Flanke des DAK beim Rückzug auf Agedabia (Dez. 1941) zu sichern. Im Bild der Kompanieführer Lt. Werner Kost in einem erbeuteten Morris-Commercial 15-cwt mit MG 34 auf Dreifuß 34.

Scammell Pioneer R 100 (Artillerieschlepper, 6x4, 102 PS) im Einsatz bei der 1. Marine-Kraftwagen-Abteilung in Südrußland, Frühjahr 1942. Von diesem Fahrzeug wurden 768 Exemplare ab 1937 gebaut.

Bei uns weitgehend unbekannt ist die enorme Fertigungsrate von Militärkraftfahrzeugen in Kanada: Bis Kriegsende wurden hier nicht weniger als 850.000 Rad-Kfz. aller Art gebaut. Die Standardisierung CMP (Canadian Military Pattern) erreichte hier eine Vollkommenheit, von der man in Deutschland nur träumen konnte. Die kanadischen Lkw. waren zwar nicht besonders schön, aber von hervorragender Qualität und Leistungsfähigkeit. Im Bild ein erbeuteter Chevrolet C 60 (3-Tonner, 4x4, 85 PS) als Geschützträger.

Vom kanadischen 3-Tonner wurden 209.000 Fahrzeuge bei Ford und Chevreolet gebaut. Diese hatten zwar unterschiedliche Motoren, Getriebe und Hinterachsen, waren aber in den meisten anderen Bauteilen untereinander austauschbar. Äußerer Unterschied ist hauptsächlich das Muster des Kühlergitters, das beim Ford viereckig, beim Chevrolet wabenförmig — wie hier im Bild — war. Anhängelast dieses C 60 ist eine 15 cm schwere Feldhaubitze 18.

Französischer Lkw. Fabr. Bernard mit Rauhfutter für die Tragtiere der 1. Geb.Div. Beachte den Gebirgsjäger, links, mit Sporen an den Stiefeln.

Ein Berliet 6-Tonner (Bj. 1939) mit 5000-l-Kesselaufbau bei der 1. Pz.Div.

Berliet 5-Tonner des leichten Sturmboot Kommandos 902 in Ostpolen am 22.7.1941.

Berliet 6-Tonner mit interessanter Tarnbemalung auf Bahntransport.

Zwei Citroen-Lkw. des I.R. 51 im Raum »südlich des Ilmensees«: rechts ein Citroen 23 U, links ein Citroen 11. Gut erkennbar das V mit dem Querstrich der 18.I.D. (mot.), das von den Landsern als »Verpflegung gestrichen« ausgelegt wurde.

Der Citroen T 45 (3,5-Tonner, 4x2, 73 PS) wurde von 1941-44 in ca. 15.000 Einheiten für die Wehrmacht gebaut. Hier der »Proviantwagen einer Marine-Küche« in Le Havre. Die Aufschrift »MBK« steht für Marinebefehlshaber-Kanalküste.

Den Citroen T 45 gab es serienmäßig auch mit Holzgaserzeuger. Hier ein derartiges Fahrzeug nach Kriegsende auf Hamsterfahrt in Oberbayern (B/Y 102 929).

Der Matford F 917 WS (5-Tonner, 4x2, 85 PS) wurde in größeren Stückzahlen für die Wehrmacht gebaut. Qualität und Zuverlässigkeit wurden von der Truppe bemängelt. Im Bild ein Fahrzeug der 2./Pi.Btl. 3 (mot.), die in Stalingrad unterging.

Diese erbeutete französische Zugmaschine (bei St. Omer 1940) wäre auch heute noch ein Leckerbissen für jedes Technikmuseum: ein Artillerieschlepper Latil TL, Baujahr ca. 1934, 4-Radantrieb, 4-Radlenkung, 40 PS, mit ausklappbaren Geländegreifern, als Zugmittel für ein akustisches Flugzeugortungsgerät, wie es auch in der Sammlung Henriquez bei Triest ausgestellt wurde. (BA)

Erbeuteter Panhard K (5-Tonner, 4x2, 85 PS) mit der Zulassung WH-680940 einer unbekannten Einheit.

Am 6.1.43 wurde das Geb.Jäg. Regiment 756 per Ju 52 nach Tunesien gebracht. Die Lastkraftwagen der Einheit sollten per Schiff folgen, kamen aber nie an: Peugeot Typ DMA (2-Tonner, 4x2, 50 PS), von denen über 15.000 Einheiten für die Wehrmacht gebaut wurden. Der Fahrzeugtyp ist vor allem an den überstehenden Kabinentüren erkennbar, ein äußeres Zeichen der stark kritisierten Fertigungsqualität.

Vom leichten Lkw. Peugeot DK 5 (1,4-Tonner, 4x2, 45 PS) wurden etwa 14.000 Stück für die Wehrmacht, mit offenem und geschlossenem Aufbau, gebaut. Im Bild ein Fahrzeug der Waffen-SS bei der Räumung von Soignies am 3.9.44.

Peugeot DK 5 ohne Zulassungsnummer in Belgien. Die Anbringung der Hauptscheinwerfer hinter dem Kühlerschutz war eine typische Eigenart der Fa. Peugeot, die jedoch bei Nachtfahrten (Anstrahlung des Gitters) recht nachteilig war.

Peugeot DK 5 mit geschlossenem Aufbau als Krankenkraftwagen der 1.Geb.Div. Um eine Anstrahlung der Kühlerschutzgitter zu vermeiden, sind diese abgebaut.

Der Werkstattwagen der 3. Komp. des Radfahr-Bataillons 402: ein erbeuteter Renault AGK (6-Tonner, 4x2, 85 PS) mit der Feldpostnummer als provisorischer Zulassung.

Bei der Verlegung von Wildflecken nach Sennelager im Mai 1942 verunglückter Wagen (SS-109625) des 5. SS-Panzerregiments »Wiking«. Ein Renault AHN (3,5-Tonner, 4x2, 75 PS), der in größerer Stückzahl für die Wehrmacht gebaut wurde.

»Wache in Dnjepro 1942«. Renault AHN (3,5-Tonner, 4x2, 75 PS) oder Renault AHR (5-Tonner, 4x2, 75 PS). Die beiden Typen hatten gleiche Führerhäuser und sind nur an der Anzahl der Spriegel (AHN=6, AHR=7) zu unterscheiden.

Frankreich baute eine Vielzahl von Frontlenker-Lastkraftwagen. Hier ein Renault unbekannten Typs als Fahrschulwagen bei der 57. I.D. auf einer Übungsfahrt bei Landshut im April 1941.

Renault AGR (4,5-Tonner, 4x2, 65 PS) mit dem taktischen Zeichen einer motorisierten Aufklärungseinheit.

In den letzten Kriegsjahren forderten massive Tieffliegerangriffe in Ost und West einen ungeheueren Blutzoll bei den meist völlig ungeschützten Nachschubkolonnen. Im Bild eine zusammengeschossene Sanitätseinheit in Holland 1944: links ein Renault AHN (AHR), rechts ein Renault AFB, der für 3 Krankentragen vorgesehen war. Auffallenderweise fuhren gegen Kriegsende viele Beutefahrzeuge mit den Originalzulassungen, lediglich mit einer WH-Aufschrift auf dem Kotflügel.

Über diesen interessanten Renault ADK 2-Tonner mit Panzeraufbau liegen leider keinerlei näheren Angaben vor.

Selbst dieser umgebaute Renault »Paris-Bus« hatte bei der 57. I.D. seine Wehrpflicht zu leisten.

Der polnische Polski Fiat 621 L (Lizenz Fiat) wurde ab 1931 in 12.600 Einheiten gebaut. Das Fahrzeug (4x2) hatte eine Nutzlast von 2,5 bis 3,0 t und einen 50-PS-Motor. Fotos vom Einsatz bei der Wehrmacht, wie hier, sind verhältnismäßig selten.

Die russische Kfz.-Industrie fertigte ihre Lastkraftwagen fast ausschließlich nach amerikanischen Ford- und Autocar-Lizenzen aus dem Anfang der 30er Jahre. Die Fahrzeuge hatten eine dementsprechend veraltete Technik, waren aber robust und einfach zu reparieren. Im Bild erhält ein GAZ-AA (1,5-Tonner, 4x2, 40 PS) des Pi.Btl. 260 gerade feldmäßig einen geschlossenen Aufbau.

Der GAZ-AA war für die »heimatlichen« Verhältnisse bestens geeignet und als Beutefahrzeug stets willkommen. Mit Hammer, Schweißbrenner und gutem Willen konnte man aus diesen Fahrzeugen sogar einen »Schienen-Zeppelin« bauen, wie die schienengängigen Lkw. bei den Landsern scherzhaft hießen. Im Bild zwei Fahrzeuge der 297. I.D. in Tschugujew im Frühjahr 1942, die den Donez-Brückenkopf mit Nachschub versorgten.

Vom GAZ-AA mit Krankenwagenaufbau wurden über 9000 Exemplare gebaut. Im Bild wird gerade eine Motorstörung an einem Beutewagen (mit Tarnscheinwerfer) behoben. Die Typenbezeichnung war GAZ-55 (jedenfalls ab Modell 1942).

Ein dreiachsiger GAZ-AAA (1,5-Tonner, 6x4, 50 PS) mit Kom.-Aufbau, wie er als Stabswagen Verwendung fand. Links noch ein Ford-Abkömmling, ein Ford V8-51 auf der »Fahrt« von Kriwoi-Rog nach Cherson (1. Geb.Div.).

Dieser GAZ-AAA lief beim Kampfgeschwader 3 und zwar bei der II. Gruppe, wie man an der römischen 2 unter dem »WL« erkennt. Der dreiachsige »Russki-Ford« unterschied sich vom 2-Achser nur durch die zusätzliche Achse und den etwas stärkeren Motor, ansonsten war er völlig baugleich, und alle Teile waren untereinander austauschbar.

Der Instandsetzungs-Wagen des Geb.Jg.Rgt. 99 in Rostow. Ein GAZ-AAA mit der Zulassung WH-705108. Beachte: Divisionsabzeichen (Edelweiß) und Tarnscheinwerfer.

Vierlings-Fla-s.MG. »Maxim M 1910« mit Säulenlafette M 31, auf einem GAZ-AAA mit ausklappbarer Rückwand: eine willkommene Beute beim Kradschützen-Bataillon 19 im Raum Toropjetz, Sept. 1941.

Ein weiterer, in großen Mengen produzierter russischer Lkw., war der ZIS-5 (3-Tonner, 4x2, 76 PS). Äußerlich war er dem GAZ-AA sehr ähnlich und kann hauptsächlich an der unsymmetrisch angebrachten Mittelstrebe der Frontscheibe identifiziert werden. Leider ist die Einheit dieses ZIS-5, mit Balkenkreuz auf der Bordwand, nicht bekannt.

Insbesondere Belgien und Frankreich führten zahlreiche zivile und militärische Lastkraftwagen aus den USA in Europa ein, bzw. bauten sie hier zusammen. Im Bild ein Chevrolet vor einem GMC. Beide Fahrzeuge dürften, dem Fahrerhaus nach, aus Belgien stammen.

Dieser Chevrolet 1,5-Tonner, Baujahr 1940, könnte von der holländischen Armee stammen, da diese Anfang 1940 mit Fahrzeugen dieses Typs ausgerüstet worden war. Das Bild zeigt Angehörige der 1. Komp. I.R. 398 in Flandern.

Bei Ford-Lastkraftwagen kann man das Ursprungsland immer nur recht schwer ermitteln. Dieses Fahrzeug z.B. hat die Kühlerfront eines amerikanischen Ford des Baujahrs 1938 aber das standardmäßige, offene Führerhaus der Wehrmacht.

Norwegen, Mai 1940: die 2. und die 3. Gebirgs-Division beim gemeinsamen Vorgehen auf Bodoe. Im Vordergrund ein amerikanischer GMC 1,5-Tonner (Baujahr ca. 1936), wie er bei der norwegischen Armee (mit deutschem Notek-Tarnscheinwerfer) in begrenzten Stückzahlen lief. Links ein Ford V8-51 mit offenem Führerhaus; auf der Straße ein Chevrolet, gefolgt von einem Opel Blitz mit ungebräuchlichem Führerhaus, ein Adler-Kübelwagen, ein Chevrolet und ein Einheits-Diesel.

Es ist auf den ersten Blick eigentlich verwunderlich, daß sich dieser Wagen des Eisenbahnpionier-Regiments 3, trotz seiner überdurchschnittlichen Geländeausstattung nicht mehr selbst befreien konnte. Es handelt sich um einen GMC ACK-353 (1,5-Tonner, 4x4, 77 PS), wie er von den USA in größeren Stückzahlen nach Frankreich geliefert wurde und bei dem die Vorderfelgen, für Fahrten im Wüstensand, eigens zum Anbringen eines zusätzlichen Rades eingerichtet waren. Dadurch wurde natürlich die Bodenpressung wesentlich verringert — aber leider auch die Reifenhaftung. Als Ergebnis drehten die Vorderräder — trotz Ketten — in schmierigem Boden wie wild durch und warfen die Erde bis über die Plane des schönen Wagens. (Raum Welikije Luki, Oktober 1941).

Dieser GMC (Baujahr 1937/38) war bei der Luftwaffe zum Transport von Abwurfbehältern eingesetzt.

Bei diesem Frontlenker, der mit seinem extremen Überhang nur für brettebene Straßen geeignet war, handelt es sich wahrscheinlich um einen COE International D 300 (ca. 1938) mit versetzter Vorderachse. Der Sinn dieser Achsanordnung ist recht rätselhaft. Die Aufnahme wurde angeblich in Oslo gemacht.

Erbeuteter amerikanischer Mack der E-Serie (Baujahr 1938/39) beim Pi.Btl. 216 in Belgien 1940. Rechts ein Ford V8-51, der geteilten Frontscheibe nach, ebenfalls ein Beutefahrzeug.

Bis zum Frühjahr 1940 hatte die französische Armee insgesamt 1500 Lastkraftwagen White 704 S (3-Tonner, 4x2, 85 PS) in den USA gekauft. Ein Großteil dieser hervorragenden Fahrzeuge wurde von der Wehrmacht erbeutet und natürlich auch eingesetzt. Das I.R. 51 verfügte über mindestens 15 Whites, die bei Staraja Russa treue Dienste leisteten. Im Bild WH-893 758 und WH-841 853.

White 704 S einer leider unbekannten Einheit. Das Fahrzeug scheint in Dunkelgelb gespritzt zu sein.

Die französische Armee verfügte über einige hundert amerikanische Lastkraftwagen vom Typ Studebaker K 25. Hier ein erbeutetes Fahrzeug beim Pi.Lehr-Btl. 1 mit der Zulassung WH-863027 ex F.P.N. 30189/11.

Der Studebaker K 25 war so robust, daß man auf seiner Ladefläche ohne weiteres eine 2 cm-Flak montieren konnte. Der »Sperrverband Daumiller« verfügte im Dezember 1941 über zumindest drei dieser Selbstfahrlafetten und setzte sie mit gutem Erfolg in der Cyrenaika ein.

Vom Studebaker US6 (2,5-Tonner, 6x6, 87 PS) wurden ca. 220.000 Einheiten, hauptsächlich für den Export, gebaut. Allein Rußland erhielt über 100.000 Fahrzeuge dieses Typs, der hier auch als Artillerie-Zugmittel und als Träger für die Stalinorgel eingesetzt wurde. Die deutschen Truppen freuten sich natürlich über jedes erbeutete Muster dieses hervorragenden Wagens sehr, auch wenn der Benzinverbrauch mit 75 l/100 km (im Gelände) etwas hoch war.
Im Bild ein Studebaker im Jahre 1944 in einem ungarischen Dorf, gefolgt von einem Peugeot DMA, einem Ford und einem Einheits-Diesel. (BA)

Anhang

Kfz.- Nummern

Zur Klassifizierung aller bei der Wehrmacht eingesetzten Fahrzeuge erhielt jedes Fahrzeug eine Kfz.- bzw. Sd.Kfz.-Nummer.
Kfz.-Nr. wurden für alle ungepanzerten Radfahrzeuge vergeben, Sd.Kfz.-Nr. für alle Voll- und Halbkettenfahrzeuge sowie gepanzerte Radfahrzeuge.
Die Nummern wurden vom OKH-Waffenamt vergeben und gaben Aufschluß über den Verwendungszweck, nicht aber das Fahrzeugfabrikat.
Im Verlauf des Krieges sorgte die Truppe durch unzählige Frontumbauten (insbes. von erbeuteten und handelsüblichen Kfz.) für eine völlige Verwässerung dieses gutgemeinten, aber überzüchteten Nummernsystems. Die ab 1943 eingeführten Fahrzeuge (z.B. sWS, Kfz. der Raketenbatterien) erhielten keine Nummern mehr.
Die folgende Liste von Kfz.-Nummern entspricht dem Stand von 1941. Der Vollständigkeit halber wurden auch Pkw in der Aufzählung belassen.

Kfz.	Verwendung
1	Leichter geländegängiger Personenkraftwagen
1/20	Leichter geländegängiger Schwimmwagen
2	Funkkraftwagen
2/40	Instandsetzungskraftwagen, kleiner
3	Messtruppkraftwagen, leichter
4	Truppenluftschutzkraftwagen
5	Kesselkraftwagen, mittlerer
11	Mittlerer geländegängiger Personenkraftwagen
12	Mittlerer geländegängiger Personenkraftwagen
13	MG-Kraftwagen
14	Funkkraftwagen
15	Fernsprechkraftwagen
	Feldfernkabelkraftwagen
	Funkkraftwagen
	Nachrichtenkraftwagen
16	Messtruppkraftwagen, mittlerer
16/1	Vorwarnerkraftwagen
17	Fernsprechbetriebskraftwagen
	Funkkraftwagen
	Kabelmesskraftwagen
17/1	Funkkraftwagen
18	Gefechtskraftwagen
19	Fernsprechbetriebskraftwagen
21	Schwerer geländegängiger Personenkraftwagen
23	Fernsprechkraftwagen

24 Verstärkerkraftwagen
31 Krankenkraftwagen
42 Nachrichtenwerkstattkraftwagen
Sammlerkraftwagen
43 Flakauswertekraftwagen
44 Sauerstoff- und Stickstoff-Erzeugungskraftwagen
51 Werkstattkraftwagen
61 Schlüsselkraftwagen
Peilkraftwagen a
Fernschreibkraftwagen
Fernsprechbetriebskraftwagen
Funkkraftwagen
Kabelmesskraftwagen
Verstärkerkraftwagen
61/1 Funkkraftwagen
62 Druckereikraftwagen
Lichtauswertekraftwagen
Schallaufnahmekraftwagen
Schallauswertekraftwagen
Stabsauswertekraftwagen
Vermessungsauswertekraftwagen
Wetterkraftwagen, leichter
63 Lichtmeßstellenkraftwagen
Meßstellen- und Gerätekraftwagen
Lichtmessgerätkraftwagen
Schallmessgerätkraftwagen
Schallmessstellenkraftwagen
Vermessungsgerätkraftwagen
Vorwarnerkraftwagen
64 Vermessungsgerätkraftwagen
68 Funkmastkraftwagen
Fernsprechkraftwagen, leichter
69 Protzkraftwagen
70 Mannschaftskraftwagen
72 Wetterkraftwagen, mittlerer
Druckereikraftwagen
Fernsprechvermittlungskraftwagen
Fernschreibvermittlungskraftwagen
Fernsprechbetriebskraftwagen
Funkkraftwagen a u. b
Funkbetriebskraftwagen
Funkhorchwagen a
Verstärkerkraftwagen
Fernschreibkraftwagen
72/1 Fernschreibkraftwagen
74 Flakmesstruppkraftwagen
76 Beobachtungskraftwagen
Lastkraftwagen für Feldkabel

77 Fernsprechkraftwagen
79 Werkstattkraftwagen
81 Flakkraftwagen, leichter
83 Scheinwerferkraftwagen, leichter, I & II
92 Mannschaftsentgiftungskraftwagen
93 Bekleidungs-Entgiftungskraftwagen
94 Wasserkraftwagen
95 Kammerkraftwagen
100 Drehkran 3 t auf Fahrstell des Lkw 4,5 t
Drehkran 5 t auf Fahrgestell des Lkw 4,5 t
301 Funkmastkraftwagen
302 Funkkraftwagen
303 Horchfunkpeilkraftwagen
305 Mittlerer Lastkraftwagen (o) mit geschlossenem Einheitsaufbau

Die Kfz.-Nr. ab 300 waren für Fahrzeuge der Luftwaffe vorbehalten. Vom Kfz. 305 gab es eine Unzahl von Unterteilungen: Vom »Kfz. 305/1 Fernschreibanschlusskraftwagen« über »Kfz. 305/88 Röntgen-Schirmbild-Dunkelkammer-Kraftwagen« bis zum »Kfz. 305/137 Werkstattkraftwagen für Flugzeugschlosser/Rüstschlosser« reichte die Palette dieser Fahrzeuge. Die Aufbauten unterschieden sich äußerlich nur unwesentlich, so daß von einer vollständigen Auflistung abgesehen werden kann.

317 Sauerstoff-Kesselkraftwagen
343 Tankspritze
344 Schlauchtender
345 Löschkraftwagen
346 Schlauchkraftwagen
354 Bildkraftwagen
384 Flugbetriebsstoffkesselkraftwagen
385 Flugbetriebsstoffkesselkraftwagen
410 Flakkraftwagen, mittlerer
415 Flakmesstruppkraftwagen

Fahrzeug-Kennzeichen

Am 1.2. 1942 waren in Deutschland folgende Unterscheidungszeichen offiziell zugelassen:

WH: Wehrmacht-Heer
WM: Wehrmacht-Marine
WL: Wehrmacht-Luftwaffe
RP: Reichspost
DR: Deutsche Reichsbahn
Pol: Polizei
SS: SS-Verfügungstruppen und
SS-Wachverbände
OT: Organisation Todt

Reichsgaue und kleinere Länder:
A: Anhalt
IVB: Baden
B: Braunschweig
HB: Bremen
DW: Danzig-Westpreußen
HH: Hamburg
VH: Hessen
K: Kärnten
L: Lippe
M: Mecklenburg
ND: Niederdonau
OD: Oberdonau
Ol: Oldenburg
Saar: Saarland
Sb: Salzburg
SL: Schaumburg-Lippe
St: Steiermark
S: Sudetenland
Th: Thüringen
TV: Tirol mit Vorarlberg
P: Wartheland
W: Wien

Preußen:
IA: Landespolizeibez. Berlin
IC: Provinz Ostpreußen
IE: Provinz Brandenburg
IH: Provinz Pommern
IK: Provinz Schlesien
IL: Reg.-Bez. Sigmaringen
IM: Provinz Sachsen
IP: Provinz Schleswig-Holstein
IS: Provinz Hannover
IT: Provinz Hessen-Nassau
IX: Provinz Westfalen
IY: Reg.-Bez. Düsseldorf
IZ: Rheinprovinz außer Reg.-Bez. Düsseldorf

Bayern:
IIA: Stadtbezirk München
IIB: Reg.-Bez. Oberbayern
IIC,
IIE: Reg.-Bez. Niederbayern und Oberpfalz
IID: Reg.-Bez. Pfalz
IIH,
IIS: Reg-Bez. Oberfranken und Mittelfranken
IIN: Stadtbezirk Nürnberg und Fürth
IIU: Reg.-Bez. Mainfranken
IIZ: Reg.-Bez. Schwaben

Sachsen:
I: Landräte Bautzen, Löbau, Zittau, Kamenz
II: Polizeipräsident Dresden; Landräte Dresden, Freiberg, Pirna, Meißen, Großenhain, Dippoldiswalde
III: Reg.-Bez. Leipzig
IV: Reg.-Bez. Chemnitz
V: Reg.-Bez. Zwickau

Württemberg:
IIIA: Polizeipräsident Stuttgart
IIIC: Landräte Backnang, Böblingen, Eßlingen
IIID: Landräte Leonberg, Ludwigsburg, Polizeidirektor Heilbronn
IIIE: Landräte Heilbronn, Vaihingen an der Enz, Waiblingen
IIIH: Landräte Balingen, Calw, Freudenstadt, Horb am Neckar
IIIK: Landräte Nürtingen, Reutlingen
IIIM: Landräte Rottweil, Tübingen, Tuttlingen
IIIP: Landräte Aalen, Crailsheim
IIIS: Landräte Schwäbisch-Gmünd, Schwäb.-Hall, Heidenheim, Künzelsau
IIIT: Landräte Bad Mergentheim, Ohringen
IIIX: Landräte Biberach an der Riß, Ehingen (Donau), Göppingen, Ulm
IIIY: Landräte Münsingen, Ravensburg
IIIZ: Landräte Saulgau, Friedrichshafen, Wangen im Allgäu, Polizeidirektor Ulm

Protektorat:
PA: Böhmen
PB: Mähren-Schlesien
PC: Post und Eisenbahn
PD: Prag
PS: Sicherheitsorgane
PV: Regierungstruppe

Generalgouvernement: Ost

Mit Ausweitung des Krieges kamen noch dazu:

MB: Mil.Befh. Belgien und Nordfrankreich
MD: Befh. der deutschen Truppen in Dänemark
MF: Mil.Befh. in Frankreich
MG: Mil.Befh. im Generalgouvernement
MH: Wehrmachtsbefh. in den Niederlanden
MN: Wehrmachtsbefehlshaber in Norwegen
MO: Wehrmachtsbefehlshaber Ostland
MR: Deutsche Heeresmission Rumänien
MS: Wehrmachtsbefehlshaber Südost
MU: Wehrmachtsbefehlshaber Ukraine
ZB: Zivilverwaltung Belgien und Nordfrankreich
ZF: Zivilverwaltung in Frankreich
ZO: Zivile Kraftfahrzeuge im Operationsgebiet Osten

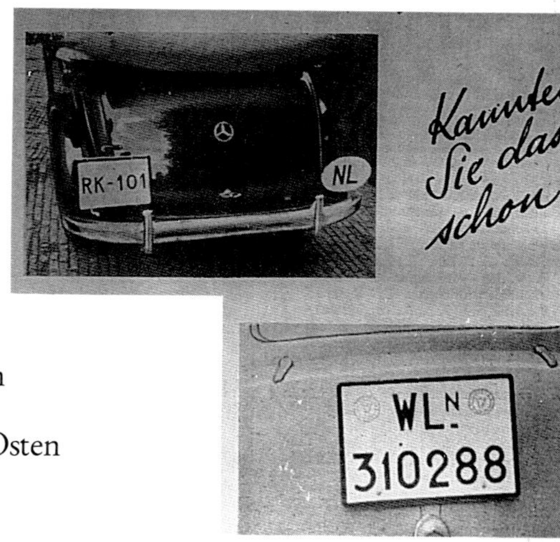

Neben den offiziellen Zulassungen gab es eine Vielzahl von halboffiziellen und selbstgewählten Nummerierungen. Hier zwei Beispiele: »RK« für »Reichskommissar für die Niederlande«, und »WL-N« für »Luftwaffe in Norwegen«.

In der Hoffnung, die Beute behalten zu dürfen, wurden viele erbeutete Fahrzeuge vorerst mit der Feldpostnummer (hier zusätzlich mit der laufenden Nummer 11) der jeweiligen Einheit versehen. Dieser Studebaker konnte tatsächlich bei der 5./Pi.Lehr-Btl. 1 bleiben und lief an der Leningradfront mit der Zulassung WH-863027.

Die einzelnen **Wehrkreise** erhielten für ihre Wehrmachtsfahrzeuge **Nummerngruppen** zugewiesen. Diese galten jedoch nur im Standortbereich der Einheiten. Für den Fronteinsatz wurden aus Geheimhaltungsgründen stets neue Nummern ausgegeben (Stand 3.7.1941):

Heer:

Wehrkreis I	Königsberg (Pr.)	WH 10.000- 19.999
II	Stettin	WH 20.000- 29.999
III	Berlin	WH 30.000- 39.999
IV	Dresden	WH 40.000- 49.999
V	Stuttgart	WH 50.000- 59.999
VI	Münster (Westf.)	WH 60.000- 69.999
VII	München	WH 70.000- 79.999
VIII	Breslau	WH 80.000- 89.999
IX	Kassel	WH 90.000- 99.999
X	Hamburg	WH 100.000- 109.999
XI	Hannover	WH 110.000- 119.999
XII	Wiesbaden	WH 120.000- 129.999
XIII	Nürnberg	WH 130.000- 139.999
XIV	Magdeburg	WH 140.000- 149.999 und WH 240.000- 249.999
XV	Jena	WH 150.000- 159.999 und WH 250.000- 259.999
XVI	Berlin	WH 160.000- 169.999 und WH 260.000- 269.999
XVII	Linz (Donau)	WH 170.000- 179.999
XVIII	Salzburg	WH 180.000- 189.999

Kriegsmarine:

Oberkommando der Kriegsmarine, Berlin	WM 1- 999
Kommando der Marinestationen Ostsee, Kiel	WM 1.000- 29.999
Kommando der Marinestationen Nordsee, Wilhelmshaven	WM 30.000- 59.999
Kommandierender Admiral Frankreich, Paris	WM 60.000- 79.999
Kommandierender Admiral Norwegen, Oslo	WM 80.000- 99.999

Luftwaffe:

Luftgaukommando I	Königsberg	WL 10.000- 19.999
Luftwaffenkommando-See	Kiel	WL 20.000- 29.999
Luftgaukommando III	Berlin	WL 300.000- 319.999
IV	Dresden	WL 400.000- 409.999
VI	Münster	WL 600.000- 609.999
VII	München	WL 700.000- 709.999
VIII	Breslau	WL 800.000- 809.999
XI	Hannover	WL 110.000- 119.999
XIII	Nürnberg	WL 130.000- 139.999
XVII	Wien	WL 170.000- 179.999

Taktische Zeichen der Versorgungstruppen

Die deutschen Fahrzeuge wurden an der Vorderseite (meist Kotflügel) und am Heck mit Symbolen versehen, die Auskunft über die Zugehörigkeit innerhalb der militärischen Einheit gaben. Diese taktischen Zeichen waren äußerst vielseitig und wurden oft von der Truppe nach Belieben ergänzt oder verändert. Die Aufstellung stellt den offiziellen Stand vom Mai 1944 dar.

1. Nachschubtruppen

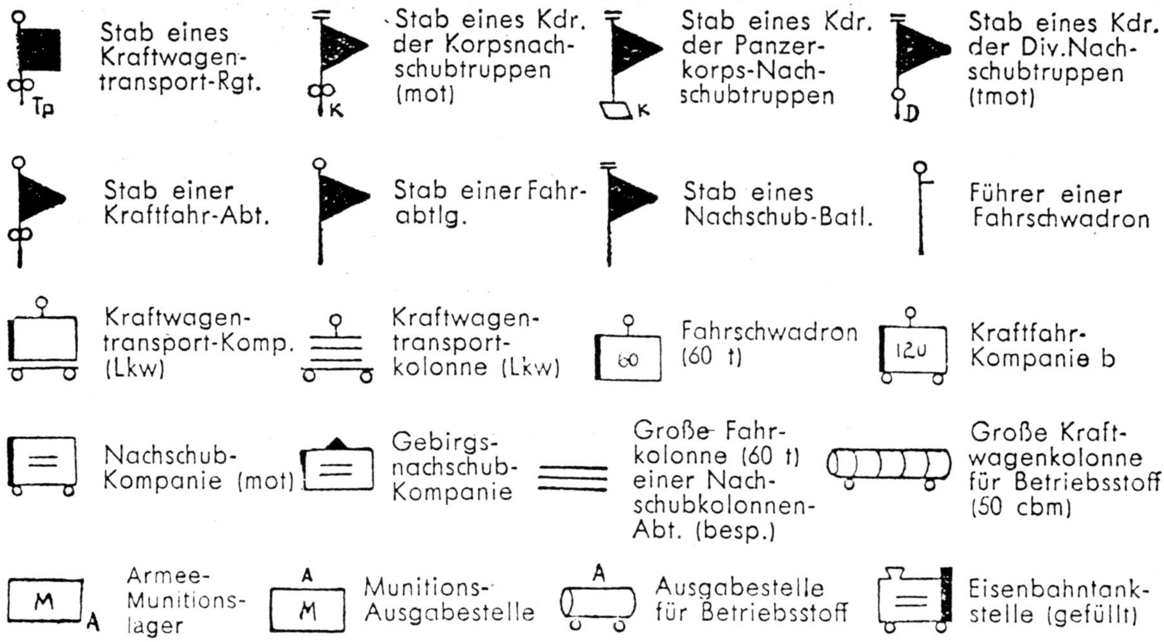

2. Sanitätstruppen

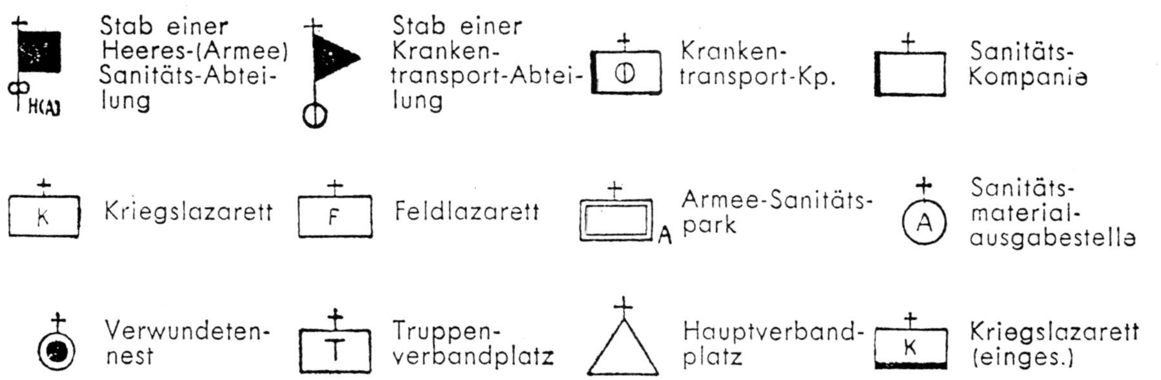

3. Veterinärtruppen

4. Kraftfahrparktruppe

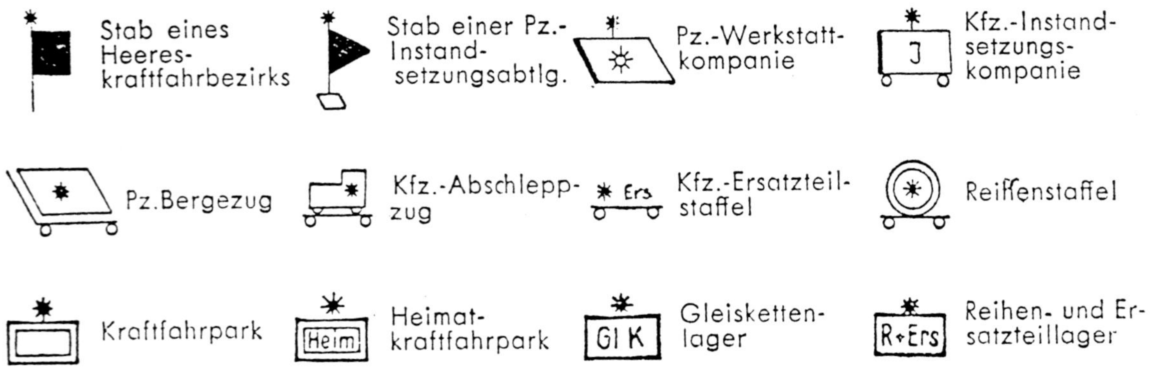

5. Feldgendarmerie und Streifendienst

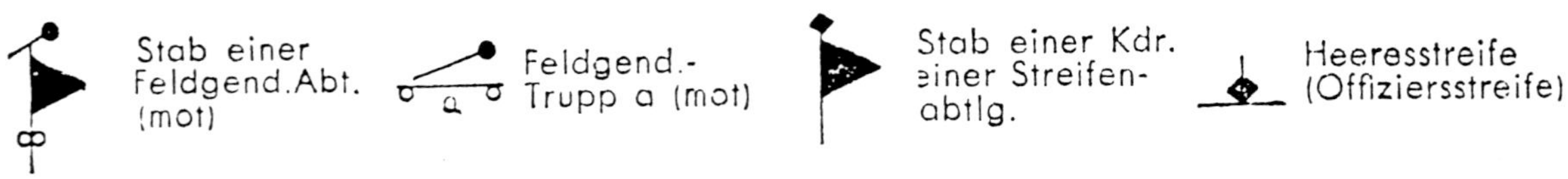

6. Trosse

Am häufigsten findet man das folgende Zeichen: Es war 20 x 10 cm groß und hatte an der linken oberen Ecke einen Kennbuchstaben (Höhe 5 cm) für den Truppenteil, z. B.:

T = Technische Truppe	V = Verwaltungstruppe
S = Sanitätstruppe	O = Feldgendarmerie
N = Nachschubtruppe	Fp = Feldpost

Rechts neben dem Zeichen waren häufig nähere Bezeichnungen der Einheit, z.B.: W2 für 2. Werkstatt-Kompanie, K1 für Kolonne 1, V1 für Verpflegungsamt, V2 für Bäckereikompanie und V3 für Schlächtereizug u.a.

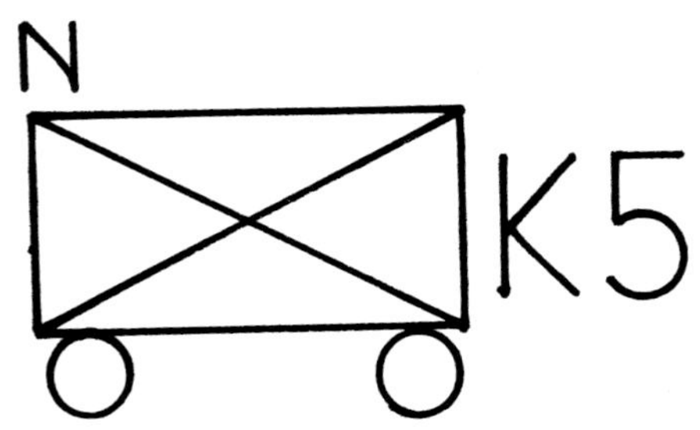

Truppenkennzeichen

Neben den taktischen Zeichen fand man an den meisten Wehrmachtsfahrzeugen auch mehr oder minder aufwendig gestaltete Truppenkennzeichen. Diese Symbole zeigten meist die Zugehörigkeit zu einer bestimmten Division, aber auch viele Regimenter und sogar Bataillone hatten eigene Zeichen. Die Zahl der verschiedenen Abzeichen ist unübersehbar, so daß eine Identifizierung oft erhebliche Schwierigkeiten bereitet.
Hier, als Beispiel, einige bisher ziemlich unbekannte Truppenkennzeichen der 20. Gebirgs-Armee aus dem Jahre 1944.

Kommandeur der Armeenachschubtruppen 463

Sanitäts-Truppen

Feldzeug-Truppen

Technische-Truppen

Kraftfahr-Park-Truppen

Feldpost

Verwaltungs-Truppen

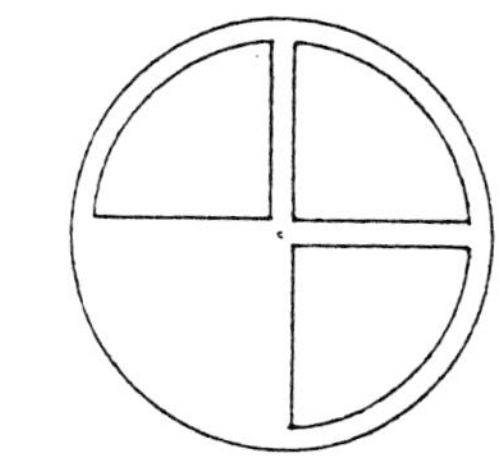

1./Kraftwagen-Transport-Regiment 501

Der Farbanstrich

Mit dem Übergang von der bunten zur einfarbigen Felduniform begann man auch beim Gerät auffallende Farben zu vermeiden, und schon 1914 zogen alle Heere mit einem graugrünen, graubraunen oder ähnlich unauffälligem Geräteanstrich ins Feld. Im Ersten Weltkrieg versuchte man vor allem das Großgerät (Geschütze, Fahrzeuge usw.) durch einen mehrfarbigen Anstrich in den Tönen Grau, Grün und Braun, der in großen Flecken unregelmäßig aufgebracht wurde, der Sicht des Gegners zu entziehen. Diesen »Mimikri« genannten Anstrich, hatte dann auch die Reichswehr übernommen.
Die Wehrmacht führte nach 1935 einen neuen, wesentlich dunkleren graubraunen Geräteanstrich ein. Er wurde gewählt, weil das Großgerät ja doch hauptsächlich in Wäldern, Ortschaften oder unter Bäumen, in der Regel also im Schatten abgestellt wird und dann nicht hell herausleuchten darf. Das Kleingerät (Tornisterfunkgeräte, Vermessungsgeräte, usw.) erhielt einen helleren, graugrünen Anstrich.
Das Verhältnis von Dunkelgrau zu Dunkelbraun lag 2/3 zu 1/3. Im Herbst 1939 war dieser Anstrich allgemein durchgeführt, aber schon 1940 trat die erste Änderung ein.

HM 1940, Nr. 864:

Um Anstreichstoffe einzusparen, wird für die Dauer des Krieges angeordnet:
Gerät, für das der Anstrich dunkelgrau/dunkelbraun vorgeschrieben ist, erhält nur noch einfarbig dunkelgrauen Anstrich.

OKH. (Ch.H. Rüst u. BdE), 31.7.1940

HM 1941, NR. 281:

An Stelle des Anstrichs dunkelgrau/dunkelbraun oder einfarbig dunkelgrau ist das Gerät (einschließlich aller Kraftfahrzeuge) der in Afrika eingesetzten Truppen mit Anstrich gelbbraun — RAL 8000/graugrün — RAL 7008, beide Farben matt (nicht glänzend) zu versehen. Dieser Anstrich ist in derselben Art durchzuführen wie der bisherige, an Stelle von Dunkelgrau tritt Gelbbraun, an Stelle Dunkelbraun tritt Graugrün. Die Farben sind nicht gegeneinander scharf abzusetzen, sondern sie müssen allmählich ineinander übergehen. Kleine Flächen (auch Speichenräder und Scheibenräder) können einfarbig gestrichen werden. Gelbbraun ist vorherrschend, etwa im Verhältnis von zwei Drittel Gelbbraun und ein Drittel Graugrün.

OKH (Ch.H. Rüst und BdE), 17.3.1941

HM 1942, Nr. 315

1. An Stelle des dunkelgrauen Anstrichs (HM 1940, Nr. 864) ist das Gerät — einschließlich Kraftfahrzeuge — der in Afrika eingesetzten Truppen mit Anstrich braun RAL 8020/ grau RAL 7027, beide Farben matt (nicht glänzend) zu versehen.
Braun 8020 ist vorherrschend, etwa im Verhältnis zwei Drittel Braun zu ein Drittel Grau. Grau ist in unregelmäßigen Flecken aufzutragen, dabei sollen beide Farben allmählich ineinander übergehen.
Kleine Flächen, Räder u.a. können einfarbig 8020 oder 7027 gestrichen werden.
Die bisherigen Farben 8000 und 7008 sind jedoch aufzubrauchen.
2. Abwaschbare Farbe nach HM 1941, Nr. 1128 ist auch für den Anstrich von Planen zu verwenden.

OKH (Ch.H. Rüst u. BdE), 25.3.1942.

Die Anordnung für den Winteranstrich 1941 kam viel zu spät. Da es weitgehend an der nötigen Farbe fehlte, mußte die Truppe häufig Kalk als Tarnfarbe verwenden.

HM 1941, NR. 1128

Die Truppen in Norwegen, an der finnischen Front und in Rußland können für die Dauer der Schneelage das Gerät — insbesondere Fahrzeuge, einschließlich Kraftfahrzeuge — zur Tarnung mit weißem Anstrich versehen.

Anordnung des Anstrichs wird den Truppenführern anheimgestellt. Zu verwenden ist abwaschbare Tarnfarbe nach den abgeänderten Technischen Lieferbedingungen 6.345.

Die Farbe ist von der Truppe und den Dienststellen auf dem Nachschubwege anzufordern. Sie ist auf dem vorhandenen dunkelgrauen Anstrich aufzubringen und nach Wegfall der Schneedecke abzuwaschen.

OKH (Ch.H. Rüst u. BdE), 18.11.1941

Als der schwere Winter vorüber war, gab die Truppe im Frühjahr 1942 ihrem Großgerät wieder den vorgeschriebenen dunkelgrauen Anstrich. Auch als der zweite Rußlandwinter anbrach, mußte die Truppe im Osten vielfach wieder zum Kalk greifen. Nur die aus der Heimat anrollenden Divisionen und das als Ersatz nachgeschobene Großgerät kamen mit weißen Geräteanstrich an.

Erst 1943 versuchte man das Problem des Geräteanstrichs grundsätzlich neu zu regeln:

HM 1943, Nr. 181 (Nr. 322 ist eingearbeitet)

1. Geräteanstrich: An Stelle des bisherigen Geräteanstrichs, dunkelgrau-dunkelbraun, der für Kriegsdauer auf einfarbig dunkelgrau abgeändert worden ist, sowie an Stelle des Geräteanstrichs braun-grau für die Truppen in Afrika und Kreta tritt für Großgerät mit sofortiger Wirkung der Anstrich dunkelgelb nach Muster.

Für Kleingerät, das in Fahrzeugen mitgeführt wird (z.B. Nachrichtengerät, Vorratskasten, Werkzeugkasten, Kasten und Koffer des Veterinärgeräts, Aktenkasten) ist der bisherige Anstrich bis auf weiteres beizubehalten.

Für den Anstrich ist zu verwenden:
P-Farbe nach TL 6321 für Panzerkampfwagen
W-Farbe nach TL 6320 für Funk- und Nachrichtengerät
Deckfarbe nach TL 6337 für Gerät aus Magnesiumlegierungen (z.B. Elektronräder an Geschützen)
im übrigen Kunstharzfarbe nach TL 6317 B.
Entgegenstehende Verfügungen treten außer Kraft.

2. Tarnanstrich: Die Tarnung des Geräts durch Auftragen entsprechender Farben nach den jeweiligen Feldverhältnissen ist Sache der Truppen. Hierzu sind von den Truppen Tarnpasten (3) mitzuführen in folgenden Farben: Olivgrün nach Farbtonkasten des RLM für Tarnfarben (Gebäude- und Bodentarnung),
Rotbraun, RAL 8017,
Dunkelgelb nach Muster wie Ziffer 1.

3. Die Tarnpasten nach Ziffer 2 werden an die Truppen im Nachschubwege abgegeben. Zur Berechnung der Gesamtmenge für jede Einheit gelten folgende Pauschalsätze in kg:

	Olivgrün	Rotbraun	Dunkelgelb
Panzerkampfwagen	2,0	2,0	2,0
Pkw	0,5	0,5	0,5
Lkw, bis 2 t	1,0	1,0	1,0
Lkw, über 2 t	1,5	1,5	1,5

Abgabe der Tarnpasten erfolgt in Packgefäßen von 2 und 20 kg.
Es muß im Hinblick auf die bestehende Rohstoff-, Fertigungs- und Transportlage den Truppen zur Pflicht gemacht werden, mit Farben und Tarnpasten sorgsam umzugehen und den Verbrauch auf das dringend Notwendige zu beschränken.
4. In welcher Form die Tarnpasten aufzutragen sind, wird dem Ermessen der Truppen überlassen. Es wird meistens darauf ankommen, die Fläche eines Geräts (Fahrzeuges) durch verschiedene Farben für die Sicht zu zerteilen.
Im allgemeinen hat sich das Auftragen in größeren Farbflecken unter Vermeidung jeder Regelmäßigkeit (»wolkenartig«) bewährt.
Die Tarnpasten sind im Anlieferungszustand oder nach Zugabe von Wasser oder Treibstoff zu verwenden. Sie können außer mit Pinsel auch mit Behelfsmittel (Bürsten, Lappen) aufgetragen werden und sind nach kurzer Zeit trocken. Sie eignen sich auch zum Tarnen von Wagenplanen.
Soweit eine Beseitigung aufgetragener Tarnpasten notwendig ist, kann sie mit Treibstoff vorgenommen werden.
5. Die Wintertarnung (im schneebedecktem Gelände) besteht bis auf weiteres in weißem Anstrich mit Emulsionsfarbe nach TL 6345. Alles Gerät, das bis Ende Februar 1943 an die Feldtruppen abgegeben wird, ist vor Absendung mit weißem Anstrich zu versehen. Einführung weißer Tarnpasten zur Wintertarnung wird später angeordnet.
6. Übergangsbestimmungen:
a) Gerät in Neufertigung, das etwa schon den bisherigen Anstrich erhalten hat, ist umzustreichen bzw. umzufärben.
b) Gerät in Beständen ist nur noch mit Anstrich nach 1 abzugeben, bis Ende Februar 1943 mit weißer Emulsionsfarbe überstrichen.
c) Bei den Feldtruppen wird das dort vorhandene Gerät mit Anstrich dunkelgrau oder braun-grau (Afrika-Kreta) nicht umgestrichen. Notwendige Tarnung ist mit Tarnpaste (2 bis 4) durchzuführen.
d) Bei Ersatz- und Besatzungstruppen ist das Gerät alsbald mit neuem Anstrich nach 1 zu versehen. Umfärben von Wagenplanen muß jedoch mit Tarnpaste erfolgen.

OKH (Ch.H. Rüst u. BdE), 18.2.1943

Dieser neue Anstrich wurde im Frühjahr 1943 rasch und allgemein durchgeführt, er gab der deutschen Wehrmacht den für die zweite Kriegshälfte typischen dunkelgelben Gerätanstrich.
Die Lösung des Tarnproblems durch Auftragen von Tarnpasten auf den Grundanstrich war zweifellos ausgezeichnet. Die Truppe hatte jetzt die Möglichkeit ihr Großgerät in einer dem Gelände genau entsprechenden Tarnfarbe zu bemalen. Leider kam aber diese Anordnung nie ganz zur Durchführung. Ganz abgesehen vom Mangel an Tarnpasten standen die notwendigen Betriebsstoffmengen zum Auftragen und Abwaschen der Tarnpasten nicht zur Verfügung. Sprit war ja schließlich der Hauptengpaß der ganzen deutschen Kriegswirtschaft. Die vorhandenen Mengen wurden für die Fahrzeuge benötigt, zum Tarnen fiel da nichts mehr ab. Das Auftragen der Tarnpasten mit Wasser erwies sich als undurchführbar, weil schon der kleinste Regen die mit Wasser aufgebrachten Pasten wieder abwusch.
In den Jahren 1943-1945 zeigte sich also das Großgerät der Wehrmacht im dunkelgelben Anstrich. Für den Winter 1943/44 und 1944/45 wurde der Truppe rechtzeitig und ausreichend weiße Farbe geliefert.
Im Frühjahr 1945 trat wieder der dunkelgraue Anstrich stärker in Erscheinung — offensichtlich aus Mangel an dunkelgelber Farbe. Irgendwelche Anordnungen aus dieser Zeit liegen jedenfalls nicht vor.

Das Kfz.-Nachtmarschgerät

Der helmförmige Tarnscheinwerfer war ein typisches Ausrüstungsteil aller Wehrmachtsfahrzeuge. Versuche mit Schlitzblenden vor den Scheinwerfern hatten kein befriedigendes Ergebnis gebracht. Der Tarnscheinwerfer sollte zwar die Fahrbahn gut ausleuchten, durfte aber aus der Luft und auch vom Boden aus nicht gesehen werden. Die gezielte Ausleuchtung erhielt man durch einen rotationselleptisch geformten Reflektor, welcher das intensive Licht aus der Mitte der 35 Watt-Glühbirne in die Ferne, das schwächere Licht aus der Randzone, in die Nähe warf. Durch die Abdeckhaube konnte kein direktes Licht nach oben oder seitlich dringen. Selbst von vorne konnte der Scheinwerfer erst aus 50 m Entfernung und dann nur im Liegen erkannt werden.
Anhand der »Betriebs- und Einbauvorschrift« von 1939 soll im folgenden Einblick in Aufbau und Anwendung verschafft werden:

Das Kfz.-Nachtmarschgerät ist von der Versuchsabteilung für Heeresmotorisierung in Wünsdorf in Zusammenarbeit mit der Nova-Technik GmbH, München, entwickelt worden.
Der Zweck des Gerätes ist, Kraftfahrzeuge einzeln und in Kolonnen nachts mit einer Beleuchtung zu versehen, ohne daß eine Fliegerentdeckung sowie ein Erkennen durch Erdbeobachter möglich ist. Ferner wird durch das Abstands-Rücklicht (Kolonnenfahrgerät) das Zusammenhalten von Kolonnen erleichtert.
Das Kfz.-Nachtmarschgerät besteht aus folgenden Teilen:
1. dem **Tarnscheinwerfer**, welcher links am Fahrzeug auf dem vorderen Kotflügel oder zwischen Kotflügel und Motorhaube angebaut wird und die Fahrbahn auf eine Entfernung von etwa 30-40 m Weite und etwa 25 m Breite ausleuchtet.
2. Dem **Abstands-Rücklicht**, das an Stelle des bisherigen Schluß- und Bremslichtes eingebaut wird und außerdem beim Kolonnefahren als Abstandsschätzlicht Anwendung findet.
3. dem **Stufenschalter**, mit dem die Geräte 1 und 2 ein- bzw. ausgeschaltet werden und die Helligkeitswerte des Tarnscheinwerfers verändert werden können.

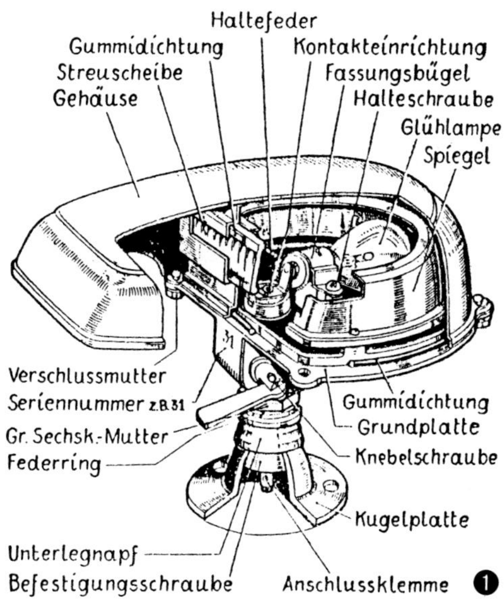

❶

❷

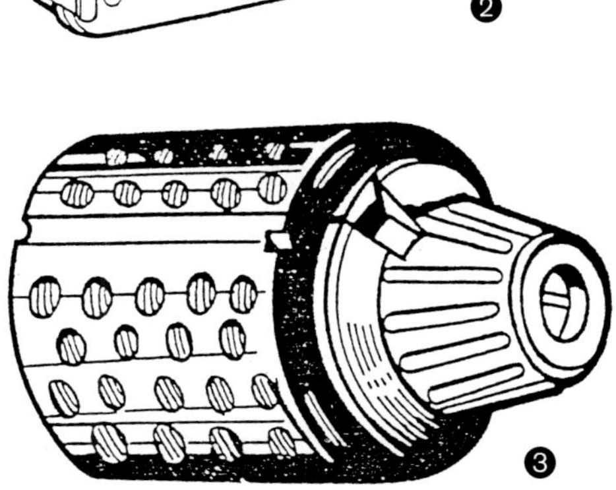
❸

Anbringen des Tarnscheinwerfers

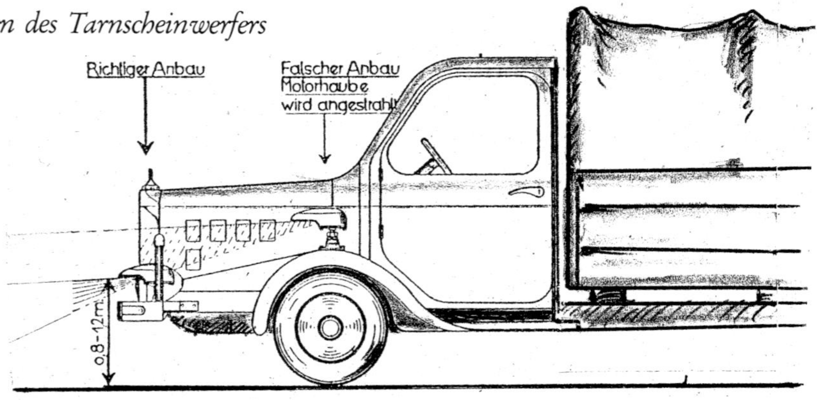

Die Helligkeitswerte des Tarnscheinwerfers können durch mehrere Schalterstellungen verändert werden:

Stellung 0 = Tarnscheinwerfer und Abstands-Rücklicht ausgeschaltet.

Stellung H = Tarnscheinwerfer aus, nur Abstands-Rücklicht eingeschaltet: Verwendung beim Kolonnenfahren, wenn aus Feindrücksichten völlig ohne Tarnscheinwerferlicht gefahren werden muß, oder nur das Spitzenfahrzeug der Einheit mit Tarnscheinwerferlicht fahren soll. Luftbeobachtung nicht möglich, Erdbeobachtung nur bis 300 m Entfernung.

Stellung V1 = Tarnscheinwerfer geringste Leuchtstärke, Abstands-Rücklicht eingeschaltet: Verwendung bei tiefdunklen Nächten und bei Feindesnähe, z.B. grundsätzlich beim Einfahren in die Batteriestellung, Beziehen der Bereitstellung usw. Luft- und Erdbeobachtung über 500 m unmöglich. Bei etwas helleren Nächten kann gefahrlos statt V1 die Stellung V2 geschaltet werden, jedoch nicht in unmittelbarer Feindesnähe.

Stellung V2 = Tarnscheinwerfer mittelhell, Abstands-Rücklicht eingeschaltet: Verwendung in der Nähe und hinter der Front, z.B. beim Anmarsch zur Front, Verschiebung motor. Verbände. Luft und Erdbeobachtung über 800 m unmöglich.

Stellung V3 = Tarnscheinwerfer hell, Abstands-Rücklicht eingeschaltet: Verwendung beim Fahren bei Verdunkelungsübungen im Frieden bzw. bei Friedensübungen auf öffentlichen Straßen. Luft- und Erdbeobachtung über etwa 1500 m unmöglich.

Wichtig! Da der Tarnscheinwerfer die Breite des Fahrzeuges nicht erkennen läßt, müssen die Standlampen der Hauptscheinwerfer bzw. die seitlichen Positionslampen brennen. Es wird mit Parklicht, auf keinen Fall mit Fern- oder Abblendlicht gefahren!

Das **Abstands-Rücklicht** besteht aus einer Kombination des Schlußlichtes mit Kennzeichenbeleuchtung, des Bremslichtes und des Abstandslichtes. Zwecks Verdunkelung des Gerätes wird die senkrechte Klappe auf Schluß- und Bremslicht heruntergeklappt und der Schieber für das Fenster der Kennzeichenbeleuchtung zugeschoben.

Die Wirkung dieses Gerätes zum Schätzen des Abstandes zum Vorderfahrzeug beruht auf der Wahrnehmungsfähigkeit des menschlichen Auges, das mehrere nebeneinanderliegende Leuchtpunkte erst innerhalb bestimmter Entfernungen als tatsächlich getrennt erkennt.

Der Vorgang ist folgender: Das Abstands-Rücklicht erzeugt einen stark gedämpften Lichtschein, der von dem nachfolgenden Fahrer bis auf 300 m als ein Lichtpunkt erkennbar ist. Beim Näherkommen (Aufholen) erkennt der Fahrer bei ca. 35 m zwei Leuchtfelder, und bei 25 m Entfernung erscheinen endlich alle vier Leuchtfelder deutlich voneinander getrennt. Der Fahrer in der Kolonne kann also die Entfernung zum vorausfahrenden Fahrzeug erkennen und den üblichen Kolonnenabstand von 25-35 m einhalten.

Kraftfahrzeuge im Winter

Der extrem kalte Winter des Jahres 1941/42 stellte mit Temperaturen von -43° C und mehr besonders auch die mot. Truppen vor schier unlösbare Probleme.
Durch Flugschnee und gefrorenen Schneematsch froren Ketten und Räder buchstäblich auf dem Boden fest; Seilzüge, Bremsen, Aggregate versagten den Dienst. Öle und Fette erstarrten und verloren ihre Schmierfähigkeit. Dieselkraftstoff versulzte und verstopfte die Leitungen. Selbst Otto-Kraftstoff verlor die Fähigkeit zur Bildung eines zündfähigen Gemisches. Die Batterien verloren ihre Leistung, froren bei schlechter Ladung sogar ein. Motorblöcke und Kühler wurden durch eingefrorenes Kühlwasser zersprengt, weil kein Frostschutzmittel vorhanden war und das Wasser nicht rechtzeitig abgelassen werden konnte. Mit den wenigen Fahrzeugen, die zum Laufen gebracht wurden, hatten die Fahrer einen recht schweren Kampf gegen Schneeverwehungen und Glatteis zu führen, und das meist in völlig unbeheizbaren, zugigen Führerhäusern.
Die vom OKH angeordneten Hilfsmaßnahmen kamen für den ersten Rußlandwinter zwangsläufig zu spät.

Mit der 130-seitigen Vorschrift D 635/5 »Kraftfahrzeuge im Winter« versuchte man in der folgenden Zeit, die Probleme in den Griff zu bringen.
Wie das geschehen sollte, wird im folgenden in Stichpunkten aus der Ausgabe vom 7.7.1943 zitiert:
1) Sonderkraftstoff für die Ostfront, Kältebeständig bis -40° C: Ottokraftstoff (violettgefärbt); Dieselkraftstoff (Kesselwagen und Behälter mit einem großen weißen »W« versehen); Spezieller, leicht entzündlicher Anlaßkraftstoff (Gasolin) für Ottomotoren.
2) »Motorenöl der Wehrmacht (Winter)« dem unter -20° C 15 % Kraftstoff und unter -30° C 25 % Kraftstoff (Otto notfalls Diesel) beizumischen waren.
3) »Getriebeöl der Wehrmacht 8 E«, grün gefärbt, pumpfähig bis -40° C, wird ab Herbst 1943 ausgeliefert. Früher mußte das Getriebeöl mit Kraftstoff verdünnt werden.
4) »Abschmierfett der Wehrmacht« wird bei tiefen Temperaturen nach wie vor steif und ist im Verhältnis 1:1 mit Motorenöl zu mischen.
5) Sonderteile zum Einbau, zusammengefaßt für alle gängigen Fahrzeugtypen in sog. großen Winterbaukästen (mit Kühlwasserheizgerät) und kleinen Winterbaukästen (ohne Kühlwasserheizgerät):
- Wärmekasten für Sammler (die Batterie kam in ein Blechgehäuse, das mit einer Spritus-Dochtlampe beheizt wurde)
- Leicht lösbare Sammlerklemmen (zum schnellen Batterieausbau)
- Anlaßkraftstoffbehälter mit 2-Weg-Hahn (der spezielle Kraftstoff — 0,5 - 1,0 l — ermöglichte einen leichteren Start, mußte aber während der Fahrt abgeschaltet sein, da Brandgefahr bestand)
- Kühlwasserheizgerät (ein kleiner Wärmeaustauscher wurde über Rohre mit dem Kühlwassersystem verbunden. Die Erwärmung des Wärmetauschers erfolgte durch eine Heizlampe)
- Heizlampe (Betrieb mit Otto-Kraftstoff oder Gasolin, das wichtigste Gerät im Winterbetrieb. Sie diente zum Anwärmen von Kühlwasser, Ventilkammerdeckel, Anheiztrichter, Sammler, Anlasser, Getriebe u. dergl. und war manchmal reichlich überfordert)
- Fahrerhausheizung (durch zusätzliche Wärmetauscher und Ventilatoren bzw. durch »Heizofen für Kfz.-Aufbauten« für festen Brennstoff.)

6) Für das Fremdanlassen von Kfz., bei denen alle eigenen Anlassversuche ohne Erfolg blieben, war das Vorhandensein einer nachrüstbaren »Einheitsdrehklaue« nötig. An diese konnten dann angesetzt werden:
- der Kurbelwellen-Benzinanlasser (KBA) best. aus einem tragbaren Verbrennungsmotor mit 2-Gang-Getriebe und Rutschkupplung
- der Krad-Kurbelwellenanlasser (KKA) best. aus einem Getriebe mit 2 Reibrollen, die durch das Hinterrad eines Motorrads angetrieben wurden.
- das SS-Andreh-Gerät Baumuster Rumpler arbeitete nur mit Muskelkraft über 2 Handkurbeln für die 2 bis 8 Mann Bedienung vorgesehen waren.

In der rauhen Praxis wurde ein offenes Feuer (meist Diesel in einer Blechwanne) unter Motor und Getriebe entfacht und so das Fahrzeug auf »russische Art« erwärmt. Das erste Fahrzeug, das zum Laufen kam, hatte dann andere Kfz. durch Anschleppen zum Laufen zu bringen. Eine zwar schädliche, aber wirkungsvolle Methode, von der die o.g. Vorschrift überhaupt nicht begeistert war.
Rückblickend muß gesagt werden, daß auch unsere heutigen, moderneren Fahrzeuge bei einer Temperatur von -43° C ungeahnte Schwierigkeiten haben würden!

Beheizung des Sammlers (Batterie) im Aufwärmkasten mittels Dochtlampe; die Vorderwand ist abgeschraubt.

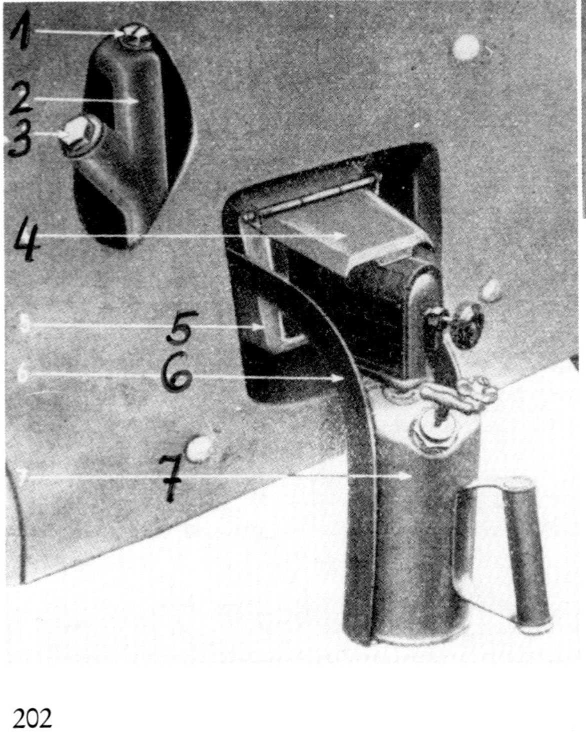

Beim Ford V 3000 S saß der Wärmeaustauscher (5) des Kühlwasserheizgeräts hinter dem rechten, vorderen Kotflügel und wurde hier durch die Heizlampe erwärmt.

Kraftfahrzeuge in Staub, Sand und Hitze

Mit der Landung des Deutschen Afrika Korps in Nordafrika (Febr. 1941) waren hier erhebliche kraftfahrtechnische Probleme auf die Truppe zugekommen.
Die hohen Lufttemperaturen und die starke Sonneneinstrahlung wirkten sich recht nachteilig auf die Fahrzeuge aus:
das deutsche Motorenöl wurde derart dünnflüssig, daß sich die Motoren festfraßen; das schwer zu beschaffende Kühlwasser verdunstete und verdampfte im Eiltempo — desgl. das Batteriewasser. Otto-Kraftstoff (nicht aber Diesel) neigte zur Bildung von Dampfblasen in den Leitungen und verdunstete in erheblichen Mengen. Bei Bodentemperaturen von 65-80° C löste sich die Gummiauflage vom Gewebe der Reifen; Aufbauteile aus Holz, Gummi oder Kunststoff wurden (insbesondere durch die großen Unterschiede zwischen Tag- und Nachttemperatur) rissig, brüchig und unbrauchbar.
Der schlimmste Feind der Fahrzeuge waren jedoch der Staub und Sand aus scharfkantigem Quarz: gleitende Teile in Motor, Getriebe, Lichtmaschine usw. wurden zu Tode geschmirgelt, Kraftstoff- und Kühlwasserleitungen verstopften, die elektrischen Anlagen bekamen Kriechströme.

Als vorbeugende Maßnahmen waren in der D 635/50 (Stand 1.10.42) folgende Arbeiten vorgesehen, die grundsätzlich schon in der Heimat durchzuführen waren:
Leinenüberzug über den Ölbadluftfilter bzw. Einbau eines Filzbalgluftfilters; Anbringen von zusätzlichen Dichtungen bzw. Schutzüberzügen am Ölfüllstutzen, Ölmeßstab, Zylinderkopf, Vergaser, Lichtmaschine, Verteiler, Anlasser, Kraftstoffpumpe, Kupplungsgehäuse, Getriebe, Lenkungs- und Bremsteilen sowie allen Seilzügen; Verschluß aller Schau- und Wartungsöffnungen. Dem Kühlwasser waren Alkor-Tabletten als Schutz vor Kesselsteinbildung und salzhaltigem Wasser zuzusetzen.
Laut o.g. Vorschrift waren »Sonderausrüstung für die Truppen« für folgende Fahrzeuge entwickelt:
1) l.Pkw K1 Typ 82 (VW-Kübel)
2) l. Pkw Typ 40 (l.E.Pkw)
3) m. Pkw Typ 40 (m.E.Pkw)
4) Steyr 1,5 t Lkw
5) Opel Typ 6700 A

Nach Firmenunterlagen gab es diese Sonderausrüstung zumindest auch für den schweren Einheits-Pkw und den Ford V 3000 S. Handelsübliche Fahrzeuge mußten von der Truppe provisorisch für den Tropenbetrieb nachgerüstet werden.

Holzgasantrieb

Im deutschen Bestreben nach Unabhängigkeit von Erdöl-Importen, gab die Reichsregierung schon frühzeitig Aufträge an die Industrie zur Entwicklung von Kfz.-Antrieben unter Verwendung heimischer Kraftstoffe. Als Brennstoff stand Holz, Holzkohle, Braunkohle, Anthrazit u.a. zur Verfügung. Der Kriegsausbruch beschleunigte die Entwicklung und Anwendung dieser sog. Gasgeneratoren in stärkstem Maße. Der verbreiteste Kraftstoff war Holz, das über die »Gesellschaft für Tankholzgewinnung u. Holzabfallverwertung AG« über 3000 Holztankstellen (geplant) ausgeliefert werden sollte. Am 30.5.1942 wurde die »Zentralstelle für Generatoren« gegründet: Flüssigkraftstoff gab es nun nur noch für Frontfahrzeuge, Partei, Polizei u. dergleichen, für alle Heimat-Kfz. war durchwegs Generator-Betrieb vorgesehen.
Bis Kriegsende wurden ca. 200.000 Gasgeneratoren hergestellt, die hauptsächlich beim Ersatzheer (es gab sogar Fahrschul-Panzerkampfwagen mit Holzgasantrieb) beim RAD, der OT, dem NSKK und bei lizensierten Privatfirmen liefen.
Das Prinzip des Holzgasgenerators:
Im badeofenförmigen Gaserzeuger werden luftgetrockene, faustgroße Holzstücke unter Luftabschluß verschwelt. Das entstehende hochgiftige CO-Gas wird über Filter, Kühler und Gasluftmischer vom Motor angesaugt und hier mittels Zündkerze gezündet. Grundsätzlich war jeder Diesel- oder Ottomotor mit entsprechenden Umbauteilen auf Generatorgas umzurüsten.
Die Beschickung, Reinigung und besonders das Anlassen mit dem Anfachgebläse waren eine recht langwierige und schmutzige Arbeit. Marktführer in Deutschland war die Fa. Imbert, Köln.
Der Kraftstoffverbrauch eines 5-Tonners auf 100 km betrug 100 kg Buchenholz bzw. 50 kg Anthrazit.
Der Leistungsabfall der Motoren wird mit ca. 20 % angegeben.

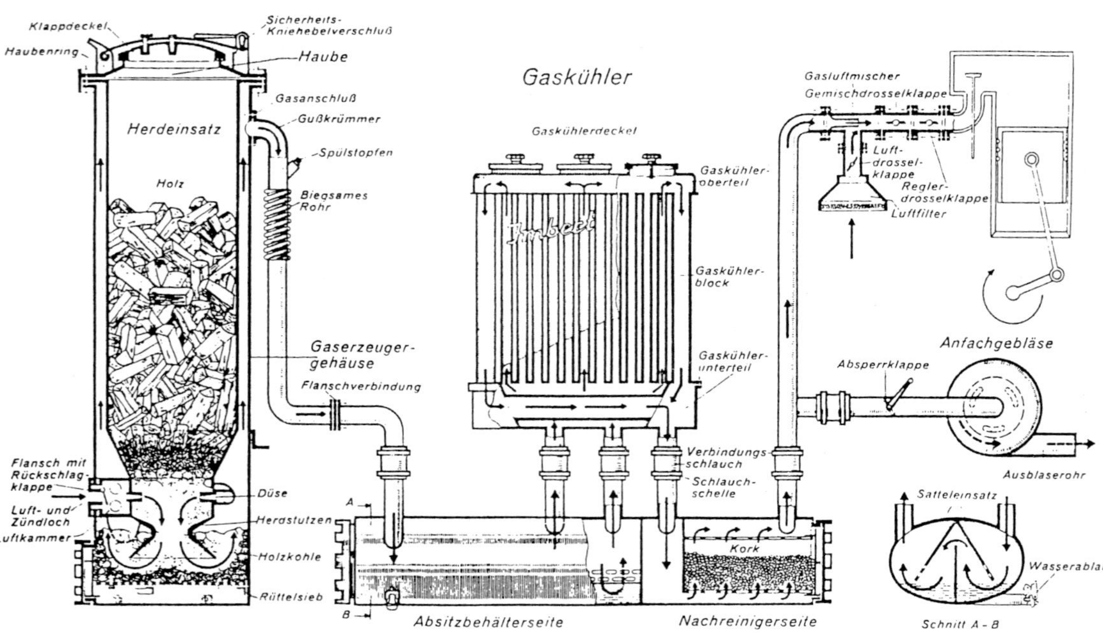

Gaserzeuger
Kombinierter Absitzbehälter

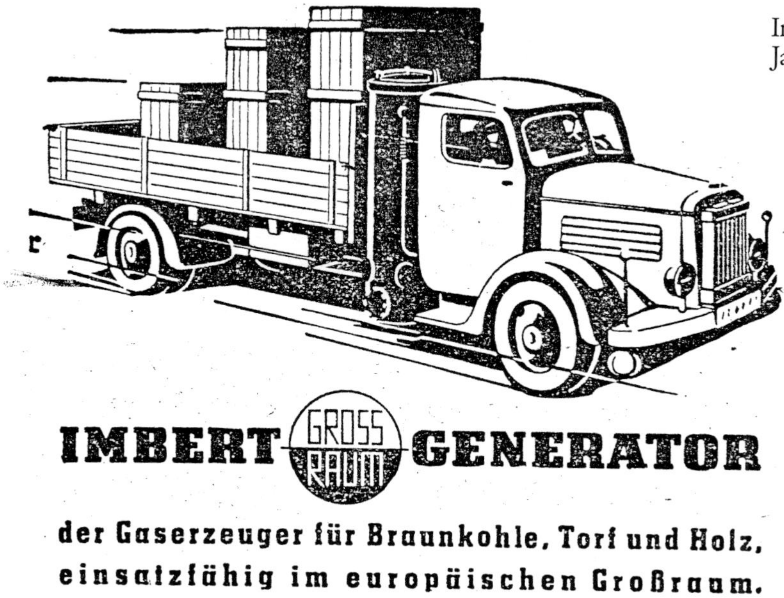

Imbert-Reklame aus dem Jahre 1943.

Die Eignungsprüfungen für Holzgaser bei der Reichswehr und anschließend bei der Wehrmacht verliefen unbefriedigend. Im Bild ein Hansa-Lloyd »Merkur« mit Deutz-Fahrzeuggasanlage für Holz, Bauart KU 207. Beachte Wirbelkammer-Gasreiniger, Stoßstange als Verbindungsleitung und den elegant vorgebauten Gaskühler.

Das Kraftfahrbewährungsabzeichen

Als Anerkennung für den Kriegseinsatz besonders bewährter Kraftfahrer wurde vom OKW/FHQ am 23.10.1942 das Kraftfahrbewährungsabzeichen in den Stufen Bronze, Silber und Gold gestiftet. Im folgenden sind die Durchführungsbestimmungen in gekürzter Form wiedergegeben. Es war beileibe nicht einfach, dieses kleine, unscheinbare Abzeichen zu erlangen, das am linken Unterärmel zu tragen war!

Vorausetzung war die Bewährung unter besonders schwierigen Bedingungen
als Kradmelder — an 90 Einsatztagen,
als Fahrer von Gefechtskraftfahrzeugen — an 120 Einsatztagen,
als Fahrer von Kraftfahrzeugen der Trosse I und II, Kolonnen und Stäbe — an 150 Einsatztagen
als Fahrer von Kraftfahrzeugen der Versorgungstruppen — an 165 Einsatztagen
als Kraftfahrer sonstiger Dienststellen und Einheiten der Wehrmacht — an 185 Einsatztagen.
Als Einsatztage hierfür galten bei Vorliegen erschwerter Unterbringungs- und Instandsetzungsverhältnisse:
Fahrten unter Feindeinwirkung,
besonders große Tagesleistungen an Strecke und Fahrzeit oder besonders schwierige Wegeverhältnisse oder
Fahrten unter ungewöhnlich harten klimatischen Bedingungen.

Die Kraftfahrer mußten diesen schwierigen Bedingungen zum Trotz durch überlegene und umsichtige Fahrweise und gewissenhafte Fahrzeugpflege und Instandhaltung hervorgetreten sein.
Bei einem selbstverschuldeten Unfall wurden die bisher bewerteten Einsatztage ungültig. Einsatztage durften dann erst nach sechsmonatiger, einwandfreier Führung erneut bewertet werden.

Das Kraftfahrbewährungsabzeichen war zu entziehen bei:
— nachgewiesener nachlässiger Fahrzeugpflege, Instandhaltung und Fahrweise, die zu einem vorzeitigen Materialverschleiß geführt hat,
— einem selbstverschuldeten Unfall durch unüberlegte und leichtsinnige Handhabung eines Kraftfahrzeuges,
— bei Bestrafung wegen Überschreitung der vorgeschriebenen Höchstgeschwindigkeit.

Das Kraftfahrbewährungsabzeichen wurde verliehen an:
— Kraftfahrer der Wehrmacht,
— Kraftfahrer (Nichtwehrmachtangehörige), die der Wehrmacht unterstellt waren,
— Kraftfahrer (Nichtwehrmachtangehörige), die in den von der Wehrmacht besetzten Gebieten eingesetzt waren,

Die Verleihung war auch zulässig an:

— auf den Führer vereidigte, im Rahmen der deutschen Wehrmacht kämpfende ausländische Freiwillige,
— Freiwillige fremder Volksstämme aus den von den Bolschewisten befreiten Ostgebieten (auch entlassene Kriegsgefangene) soweit diese unter dem Befehl der deutschen Wehrmacht kämpften.

Eine Verleihung an Wehrmachtangehörige verbündeter oder befreundeter Länder war nicht statthaft.

Eine große Ungerechtigkeit war hier die Behandlung der Sanka-Fahrer! Diese konnten das Abzeichen anfangs überhaupt nicht erwerben und wurden erst recht spät, am 24.5.1943, den Trossen mit 150 Einsatztagen zur Verleihung des Abzeichens gleichgestellt.

Schlitzohrig, zäh und im Organisieren begabt: dieses Motto galt sicher nicht nur für diese Krupp-Besatzung, sondern für die Kraftfahrer aller Nationen.
An sie alle sei an dieser Stelle mit Hochachtung gedacht!